OPIの考え方に基づいた
日本語教授法
ー話す能力を高めるためにー

山内博之 著

ひつじ書房

はじめに

　この本は、OPIの考え方に基づいた日本語教授法についての本です。ただし、「読む」「書く」「聞く」「話す」という4技能のうちの、「話す」技能にのみ焦点を当てています。その理由は、OPIが「話す」能力を測定するためのテストであり、他の技能とは直接的に関わるものではない、ということにあります。いずれは、OPIの考え方を「話す」以外の技能の教育にも役立てたいと思ってはいるのですが、現時点では、著者である私にそれだけの能力がないため、とりあえず、「話す」能力を養成するための教え方のみを対象とすることにしました。

　一方、OPIには、ある特定の言語だけを対象とするものではなく、汎言語的なもの、つまり、どのような言語にでも、その能力評価基準とテストの手順とが通用するものであるという特徴があります。ですから、本書は、「話す」技能のみに焦点を当てたものではあるのですが、この本で提案した教え方の方法は、日本語教育だけでなく、英語教育や、その他の外国語教育にも通用し得るものであると思います。

　ところで、外国語教授法とは、一体どのようなものなのでしょうか。たとえば、私自身が非常に効果的な教え方を考案して、実際の授業でもその効果を試し、そして、それを「山内メソッド」とでも名づければ、新しい教授法ができあがったことになるのでしょうか。

　これは、私の師匠である南山大学の鎌田修先生から教わったことなのですが、外国語教授法にとって必要なものは、「原理」と「方法」です。どんなに効果的な教え方を考案し、実践したとしても、「原理」がしっかりしていなければ、人に伝えていくうちに、少しずつ形が変わっていってしまうのではないかと思います。また、「原理」とは抽象的なものであるので、それを具現化した「方法」が

備わっているということも、外国語教授法には欠かすことのできないことです。

　したがって、本書の構成は、第1部を「理論」とし、第2部を「方法」としました。さらに、具体的な教材の作り方を示した「教材」を、第3部として、この2つに加えました。

　なお、本書は、(株)アルクから発行されている『月刊日本語』の2001年11月号から2003年3月号にかけての連載記事「OPIの"技"を授業に生かす」に大幅な加筆・修正をして、まとめたものです。また、本書のコラムには、同じく『月刊日本語』2004年4月号から2005年8月号にかけての連載記事「OPIで文法を見直す」の中のコラムの内容を、ほとんどそのままの形で使わせていただきました。

　連載執筆中は何度も締め切りに遅れてしまったのですが、いつも寛容に励ましてくださった(株)アルク『月刊日本語』編集部のみなさまに、この場を借りて、お礼を申し上げたいと思います。

　また、非常に丁寧な編集作業をしてくださったひつじ書房の宮島紘子さんと、なかなかできあがらない原稿を優しく待ってくださった、同じくひつじ書房の松原梓さんにも、感謝の言葉を述べたいと思います。

　そして最後に、OPIの教授法化を試みた本を出版するという大英断を下してくださったひつじ書房の松本功房主に、深甚なる感謝の意を表したいと思います。本当に、どうもありがとうございました。

　OPIを基にした、今までにない外国語教授法を作りあげるという試みは、とても私1人の手に負えることではありません。今後も努力を続けていきたいと思いますが、本書では、OPIは単なる会話テストではなく、外国語の教え方そのものにも大きく貢献し得るものだ、ということを主張したいと思いました。OPIの考え方を生かした教育の方法が、これからの日本語教育に少しでも役立っていくことを、OPIテスターの1人として切に願っています。

平成17年4月　　山内　博之

目　次

はじめに i

第 1 部　理論 1

第 1 章：教授法としての OPI の特徴 2
第 2 章：OPI の会話授業への応用 8
第 3 章：総合的タスク／機能 14
第 4 章：話題 20
第 5 章：場面 26
第 6 章：正確さ 32
第 7 章：テキストの型 38
第 8 章：レベル判定のコツ 44
第 9 章：OPI 的日本語教師 52

第 2 部　方法 59

第 10 章：OPI の構成 60
第 11 章：突き上げ（1） 66
第 12 章：突き上げ（2） 72
第 13 章：言語的挫折 78
第 14 章：ウォームアップ 84
第 15 章：スパイラルな突き上げ 92
第 16 章：トリプルパンチ 102
第 17 章：待つ・聞き返す 108

第3部　教材　…… 117

第18章：OPI的な授業とは …… 118

第19章：ロールプレイ学入門 …… 124

第20章：タスク先行型ロールプレイ …… 132

第21章：初級のロールプレイ …… 140

第22章：中級のロールプレイ …… 146

第23章：上級のロールプレイ …… 152

第24章：究極の会話テキスト …… 160

コラム

一夜漬けの効果　51

合格か不合格か……　58

論文って役に立つ？　91

Ｉグループって何？　101

インターネットの利用方法　116

テレビゲームと日本語学習　131

実用化こそが発明　139

60人の会話授業は可能！？　159

参考資料

『ACTFL-OPI試験官養成用マニュアル』
『ACTFL-OPI試験官養成マニュアル』 …… 166

索引 …… 186

第1部　理論

どんな外国語教授法にも、必ず、それが拠って立つ「原理」、つまり、その教授法独自の言語観や言語習得観があります。たとえば、オーディオリンガル・メソッドでは「言語の習得は習慣形成である」と考えられており、ナチュラル・アプローチでは「言語の習得は少し難しめのインプットを理解することによって起こる」と考えられています。第1部では、"OPIの考え方に基づいた日本語教授法"の言語観・言語習得観について、解説します。

第1部　理論

第1章　教授法としてのOPIの特徴

OPIとは、外国語学習者の発話能力を測定するためのテストのことです。OPIには、被験者の発話をうまく引き出すための様々な"技"がありますので、これを教授法に活用しない手はありません。本章では、教授法という観点から、OPIの解説をしていきます。

(1) OPIとは何か

　OPI（オー・ピー・アイ）という言葉をご存じでしょうか。OPIテスターを養成するためのワークショップは、日本国内でも、年に3～4回コンスタントに行なわれていますし、2001年2月には『ACTFL―OPI入門』（アルク）という本も出版されました。また、学術的な面においても、日本語教育学会の学会誌『日本語教育』などで、OPIの被験者の発話をデータとして用いた研究論文が見られるようになってきました。しかし、一般には、まだなじみの薄い言葉かもしれません。

　OPIとは、ACTFL（アクトフル、American Council on the Teaching of Foreign Languages：全米外国語教育協会）によって開発された、テスターと被験者が1対1で行なう、最長30分の会話能力テストのことです。OPIの正式な名前は「Oral Proficiency Interview」で、OPIはそれぞれの単語の頭文字をとったものです。Oral Proficiency Interviewの「oral」を英和辞典でひくと、「口頭の、口述の」などとあります。このことは、OPIが「読」「書」「聞」「話」の4技能のうちの「話」技能を扱うものであることを意味しています。

　「proficiency」は、「熟達度」あるいは単に「能力」などと訳されていますが、これは「achievement（達成度、到達度）」と対を成す概念です。したがって、OPIは、achievement testではなくproficiency test、つまり、中学や高校のテス

トで言えば、中間試験や期末試験のように範囲の決まっているテストではなく、実力試験のように、出題範囲が決まっておらず、「今ここで何がこの人にできるのか」を調べるテストだということです。そして、最後の「interview」とは、文字どおりインタビューのことです。

(2) OPIの言語能力観・言語習得観

OPIは、教授法ではなく単なる会話テストです。しかし、OPIには、ある特定の言語のために作られたものではなく、汎言語的に使用できるものであるという特徴、つまり、どの言語にでも使えるという特徴があります。このことは、OPIが、①言語能力とは何かということに関する普遍的な概念、及び、②人間が第二言語（外国語）を身につける時の普遍的な法則、を「基準」として持っているということを意味しています。

それでは、その「基準」とは、いったいどのようなものなのでしょうか。OPIの持つ言語能力と第二言語習得に関する汎言語的な原理とは、以下の表のようなものです。

	総合的タスク／機能	場面・話題	テキストの型
超級	裏付けのある意見が述べられる。仮説が立てられる。言語的に不慣れな状況に対応できる。	フォーマル／インフォーマルな状況で、抽象的な話題、専門的な話題を幅広くこなせる。	複段落
上級	詳しい説明・叙述ができる。予期していなかった複雑な状況に対応できる。	インフォーマルな状況で具体的な話題がこなせる。フォーマルな状況で話せることもある。	段落
中級	意味のある陳述・質問内容を、模倣ではなくて創造できる。サバイバルのタスクを遂行できるが、会話の主導権を取ることはできない。	日常的な場面で身近な日常的な話題が話せる。	文
初級	機能的な能力がない。暗記した語句を使って、最低の伝達などの極めて限られた内容が話せる。	非常に身近な場面において挨拶を行なう。	語、句

表1．ACTFL言語運用能力基準の概略（1）

	文法	語彙	発音
超級	基本構文に間違いがまずない。低頻度構文には間違いがあるが伝達に支障は起きない。	語彙が豊富。特に漢語系の抽象語彙が駆使できる。	だれが聞いてもわかる。母語の痕跡がほとんどない。
上級	談話文法を使って統括された段落が作れる。	漢語系の抽象語彙の部分的コントロールができる。	外国人の日本語に慣れていない人にもわかるが、母語の影響が残っている。
中級	高頻度構文がかなりコントロールされている。	具体的で身近な基礎語彙が使える。	外国人の日本語に慣れている人にはわかる。
初級	語・句のレベルだから文法は事実上ないに等しい。	わずかの丸暗記した基礎語彙や挨拶言葉が使える。	母語の影響が強く、外国人の日本語に慣れている人にもわかりにくい。

表2．ACTFL言語運用能力基準の概略（2）

	社会言語学的能力	語用論的能力	流暢さ
超級	くだけた表現もかしこまった敬語もできる。	ターンテイキング、重要な情報のハイライトの仕方、間のとり方、相づちなどが巧みにできる。	会話全体が滑らか。
上級	主なスピーチレベルが使える。敬語は部分的コントロールだけ。	相づち、言い換えができる。	ときどきつかえることはあるが、1人でどんどん話せる。
中級	常体か敬体のどちらかが駆使できる。	相づち、言い換えなどに成功するのはまれ。	つかえることが多いし、1人で話しつづけることは難しい。
初級	暗記した待遇表現だけができる。	語用論的能力はゼロ。	流暢さはない。

表3．ACTFL言語運用能力基準の概略（3）

　OPIでは、まず、言語能力は、①総合的タスク／機能、②場面・話題、③テキストの型、④正確さ、の4つの要素から成ると考えられています。そして、「正確さ」は、さらに、「文法」「語彙」「発音」「社会言語学的能力」「語用論的能力」「流暢さ」の6項目に下位分類されています。この4本柱のうち、「総合的タス

ク／機能」「場面・話題」「テキストの型」については表1に、「正確さ」の下位分類の6項目については、表2と表3に分けて示してあります。

　これらの表は、冒頭で触れた『ACTFL―OPI入門』の18-19頁の表と同じ内容のものですが、これらはOPIの能力基準の要約です。その原典とも言うべき《ACTFL言語運用能力基準―話技能》は本書の巻末に掲載してあります。そこには、「初級」「中級」「上級」「超級」という4段階のみでなく、それぞれの中でのサブレベルごとの、つまり、「初級―下」「初級―中」「初級―上」「中級―下」「中級―中」「中級―上」「上級―下」「上級―中」「上級―上」「超級」（「超級」にはサブレベルはない）という10段階の詳しい能力記述が示されていますので、そちらもぜひご覧ください。

(3) 教授法としてのOPIの特徴

　OPIには、言語能力は「総合的タスク／機能」「場面・話題」「テキストの型」「正確さ」の4要素から成っている、という言語能力観と、3つの表に示されているような過程を経て、初級から中級、上級、超級へと能力が向上していく、という言語習得観とがあります。さらに、これらは世界中のどの言語についても成り立つものであると考えられているわけです。このような、汎言語的に成り立つ言語能力観・言語習得観を持ちながらも、それをテストにしか利用していないというのは、非常にもったいない話だと思います。OPIをテストのままで置いておくのではなく、その言語能力観・言語習得観を「原理」とする"OPI的日本語教授法"を、何とか編み出したいものだと考えています。

　"OPI的日本語教授法"の「原理」となり得るものの第一は、プリンストン大学の牧野成一先生の言葉を借りれば「タテ軸志向」ということになるでしょう。つまり、OPIでは、初級から超級までの能力の向上過程という「タテ軸」が非常にしっかりしているということです。初級が終われば中級、中級が終われば次には上級、上級が終わればさらに超級、というように、その時点での目標が常に具体的に示されているのです。

　第二言語習得研究では、習得の途中段階で伸びが止まってしまう「化石化」と

いう現象が指摘されています。化石化は「コミュニケーション上のニーズが満たされた時に起こる」などと言われていますが、この「タテ軸」にしたがって、学習者に常に上を意識させるような工夫をすれば、化石化はかなり防げるのではないでしょうか。

そして、第二の「原理」となり得るのは、「総合的タスク／機能」「場面・話題」「テキストの型」「正確さ」という、バランスのとれた4本の柱があるということです。さらに、「正確さ」の中には「文法」「語彙」「発音」「社会言語学的能力」「語用論的能力」「流暢さ」という6つもの下位項目があります。

オーディオリンガル・メソッドでは、言語を用いて何かを行なうという機能やタスクを重視した練習は往々にして軽視されがちであり、その一方で、初級の時からネイティブ並みの発話速度と正確さを要求したりします。また、その反動で、文法的な正確さはさておき、とにかく通じればいいんだ、というような機能・タスク偏重型の教え方がされることもあります。OPIの立場から言うと、そのどちらもが極端であり、4本柱のバランスを考えることが大切なのだ、ということになります。実際、これだけ多くの項目に気を配りながら授業を組み立てていけば、かなりバランスのいい学習者が育つのではないかと思います。

(4)"OPI的日本語教授法"を支えるもの

外国語教育の世界で広く知られているような教授法には、必ず、その理論上の根拠となるような学問分野が存在しています。たとえば、オーディオリンガル・メソッドには、行動主義心理学と構造言語学という学問分野が、その理論的背景として存在しています。行動主義心理学の考え方は、「言語の習得は習慣形成と同じであり、大切なのは模倣と反復である」というオーディオリンガル・メソッドの理論的支柱となっていますし、一方、構造言語学は、文型を1つの単位としてとらえるような言語学上の枠組みを提供しています。そして、このような原理に基づいて、ドリルやパターンプラクティスなどといった方法が開発され、使用されているわけです。

"OPI的日本語教授法"の「原理」となるものは、前述の《ACTFL言語運用能

力基準—話技能》、あるいは、それを要約した表 1 ～表 3 であると言えます。もう少し具体的に言うと、表 1 ～表 3 に示されているような過程を経て、初級から超級へと伸びていくという言語習得観と、「総合的タスク／機能」「場面・話題」「テキストの型」「正確さ」という 4 要素によって言語能力が成り立っているという、バランスのとれた言語能力観が、"OPI 的日本語教授法"の「原理」だということです。つまり、表 1 ～表 3 に示されている言語習得観・言語能力観を正しいものであると信じ、それを基にして授業を行なうわけです。

ところで、"OPI 的日本語教授法"の根本となる《ACTFL 言語運用能力基準—話技能》、あるいは、表 1 ～表 3 は、一体何によって支えられているのでしょうか。その答えは、「ベテラン教師たちの勘と経験」です。《ACTFL 言語運用能力基準—話技能》は、ある特定の学問分野の理論によって抽象的に考案されたものでもなく、また、何らかのデータによって実証的に支えられているものでもありません。ベテラン教師たちの長年の経験によって作られてきたものなのです。ですから、その実証は、OPI の、そして、"OPI 的日本語教授法"の今後の課題であると言えます。

また、《ACTFL 言語運用能力基準—話技能》には、文化的な能力に関する記述がなく、そのため、OPI には、文化的な能力を無視して日本語能力の測定を行なってしまっている、という弱点があります。たとえば、「約束の時間に遅れて来たので、待ち合わせの相手に事情を説明して許してもらう」というようなロールプレイを行なった時に、遅れてきた事情説明はきちんとできているのに、謝り方が不十分なため、非常に違和感を覚える、というようなことがあります。OPI では、このような、文化的能力に関わる事柄については、基本的に考慮はしないのですが、"OPI 的日本語教授法"においては、当然のことながら、文化的な能力や、あるいは、非言語的な能力に関する事柄についても積極的に扱っていくべきだろうと思います。

第1部 理論

第2章　OPIの会話授業への応用

当たり前のことですが、テストと教授法は、まったく別のものです。では、単なる会話テストであるOPIの、どこをどう変えれば教授法に変身するのでしょうか。本章では、テストとしてのOPIと教授法としてのOPIの関係について、解説していきます。

（1）OPIの利用方法

　現在、OPIの利用方法として最も多いものはどれだと思いますか。次の4つのうちから選んでみてください。

A. テストとして利用する。
B. 研究のためのデータとして利用する。
C. 教授法として利用する。
D. 教師が自己成長の手段として利用する。

調査をしたわけではありませんので、正確な数字はわからないのですが、私の独断と偏見（？）で答えさせていただくと、最も多いのは、「B. 研究のためのデータとして利用する」ではないかと思います。日本語教育学会や第二言語習得研究会の大会での発表を聞いたり、日本語教育学会の学会誌『日本語教育』や他の研究誌を読んだりしていると、OPIの文字化データを使用した研究が、最近かなり増えてきていることがわかります。

　私も、南山大学の鎌田修先生と協力して、主に第二言語習得研究に使用するための「KYコーパス」という、90人分のOPIを文字化した資料を作成したのですが、これを利用した研究も、かなり増えています。OPIをデータとして利用する研究が増えていくことは、喜ばしいことではあるのですが、しかし、今のとこ

ろ、第二言語習得研究からOPIへの研究成果の還元があるようには感じられません。まあ、今後の課題、といったところでしょうか。

「A．テストとして利用する」というのは、残念ながら、それほど多くはないのではないかと思います。特に日本国内では、ACTFL本部を経由した正式なOPIは、ほとんど行なわれていません。現在行なわれている大部分のOPIは、それぞれのテスターが勝手に（？）行なっているものなのですが、しかし、それすらも、それほど多くないのではないかと思います。やはり、1人の被験者の能力を測定するのに、最大30分もかかってしまうということが、テストとしてのOPIが行なわれにくくなっている最大の原因ではないかと思います。OPIは、テストとしての「実用性」に欠けているのではないかということです。

もし70人の学習者にOPIをしたとすると、まず、インタビューだけで35時間（30分×70人）かかってしまいますし、判定をするためにインタビューテープをもう1度聞き直したとすると、その倍の時間、つまり、70時間かかってしまうことになります。これでは、ちょっと効率が悪すぎますよね。

4日間のOPIワークショップを終えた方たちが口をそろえて言うのが、「OPIを知って授業が変わった」「OPIの考え方を授業に生かすことができるようになった」というようなことです。「C．教授法として利用する」ということは、かなり多く行なわれている可能性があるということです。

しかし、「では、実際に、授業のどの部分で、どのような形でOPIの考え方を利用しているのか」と問いかけると、具体的な形で明確な答えが返ってくることはあまりありません。ですから、教授法として体系的に利用している、というよりも「D．教師が自己成長の手段として利用する」と言った方が正確なのかもしれません。

この本の目的は、OPIの会話教育への体系的な応用を考える、ということです。それが、ひいては、"OPI的日本語教授法"を確立することにもつながり、また、教師の自己成長を促すための、OPIの考え方を利用した研修会、あるいは、OPI的日本語教師養成講座のようなものを開講することにもつながっていくのではないかと思います。

(2) OPI的な会話授業の手順

OPIの会話教育への体系的な応用を考える手始めとして、テストとしてのOPIが、実際にどのような手順で行なわれているかということを、簡単にお話ししたいと思います。

図1は、OPIの手順を図式化したものです。

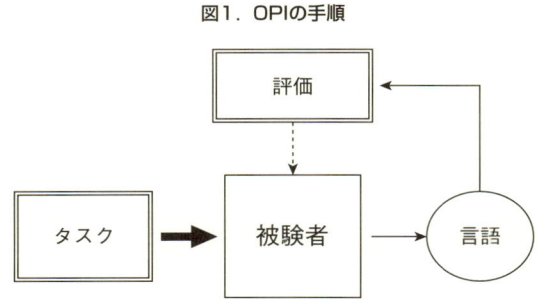

図1．OPIの手順

この図の真ん中に位置しているのが、被験者、つまり、OPIを受ける人です。そして、その左にあるのが「タスク」です。タスクとは、「被験者に発話をさせるための仕掛け」のことです。具体的には、テスターが被験者に対して投げかける様々な質問が「タスク」だということになります。OPIは、会話テストですので、被験者に何か話してもらわなければ、能力を測定することができませんね。だから、まず最初に、テスターが被験者に対して、「タスク」という形で質問を投げかけるわけです。

被験者が、その質問に答えるために日本語を発することを表しているのが、右端の「言語」と書かれた丸です。そして、この被験者の発話をテスターが聞き、被験者の日本語能力を「評価」するというのが、OPIの手順です。被験者のレベルにもよりますが、30分近くインタビューを行なうわけですから、実際には、このような手順を何回も繰り返すことになります。

会話の授業も、これとまったく同じように行なえばいいのではないかと思います。それを表したのが、次の図2です。

図2．OPI的な会話授業の手順

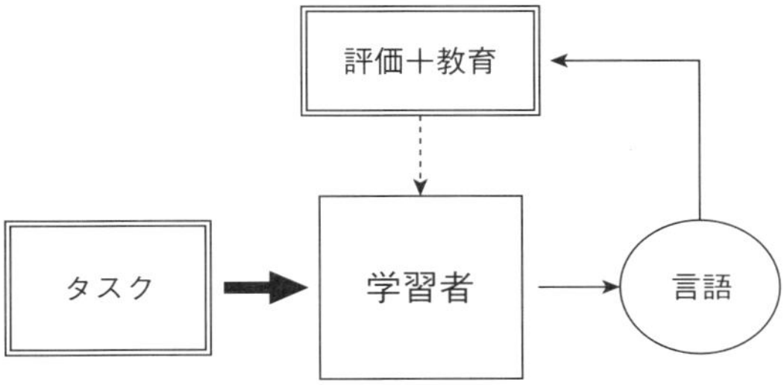

　図1の「被験者」を「学習者」に変え、「評価」を「評価＋教育」に変えたのが、図2です。OPIでは、テスターが被験者の発話を聞いて、被験者の能力を「評価」するだけだったのですが、会話教育においては、「評価」を行なうだけでなく、その発話が間違っていたり、言い方が不十分だったりした時に、何らかの「教育」を行なうわけです。また、もちろん、図1の一連の手順を行なうのはOPIのテスターでしたが、図2の手順を行なうのは日本語教師だということになります。

　OPIは、会話能力を測定するためのテストであり、そのため、被験者に限界まで力を出させるような工夫がなされています。特に、タスクの与え方という点において、実に様々な工夫が施されています。被験者にできるだけ多く、また、できるだけ難しいことを話させるためのOPIの手練手管（？）を、何とか会話教育にも生かしていきたいものだと思います。それが、本書を執筆しようと思った一番の動機です。

(3) OPI的なシラバス・教材・教師

　OPIのインタビューで話される話題や内容は、被験者ごとに異なっています。なぜなら、OPIの手順そのものは標準化されているのですが、OPIのインタビューで話される話題や内容は、その時の被験者が何を話すかによって決まってくるからです。

　会話教育の内容も、どのような学習者が教室にいるかということによって、変

第1部　理論

化してしかるべきだと思います。それを図式化したのが、次の図3です。

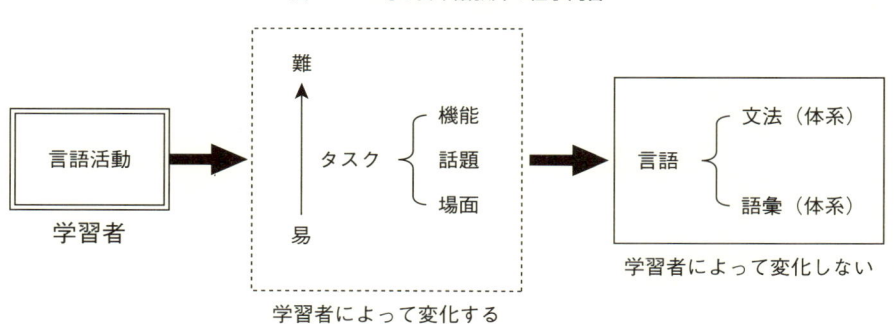

図3．OPI的な日本語教師の仕事内容

　図3は、OPI的な会話教育を実践した時に、教師がどのような仕事をすることになるのかということを、図式化したものです。教師がするべき仕事の第一は、学習者が行ない得る言語活動を探るということです。学習者が日本語を学ぶ目的は、教室の中で日本語を使うことではなく、教室の外で日本語を使うことです。教室の中でいくらうまく話せたとしても、教室の外でまったく話せなかったら、日本語を学んでいる意味がないですよね。ですから、学習者たちが、教室の外でどのような言語活動をしているのか、あるいは、どのような言語活動をする可能性があるのか、ということを調べ、それを基にしてタスクを作る必要があるだろうと思います。

　OPIのインタビューで扱われる話題や内容が被験者がどういう人間であるかによって異なるように、学習者が行なう言語活動も、その学習者がどのような生活をしているかによって異なります。

　まず、日本に住んでいる学習者と海外に住んでいる学習者とでは、行ない得る言語活動がまったく違っています。たとえば、日本に住んでいる学習者は、「隣りの住人がうるさいので苦情を言いに行く」とか「大学の事務室の学割発行の機械が故障したので、事務の人にそのことを伝えに行く」とかといった言語活動を行なう可能性がありますが、海外に住んでいる学習者には、そのような可能性は

まずありません。なぜなら、海外では、隣りの住人は、普通は日本人ではないし、大学の事務員も日本人ではないからです。そのかわり、海外では、もちろん国によっても違うでしょうが、「道がわからずに困っている日本人観光客の道案内をする」「日本人店員のいる日本食レストランで料理についてのコメントを言う」などといった言語活動があり得るだろうと思います。

　また、日本国内に住んでいる学習者であっても、大学の学部生として勉強している学習者とビジネスマンとでは違うでしょうし、日本人と結婚している配偶者は、大学生やビジネスマンとはかなり異なった言語活動を行なっている可能性があります。また、同じ大学生であっても、その大学が都会にあるのか田舎にあるのか、というようなことでも、学習者が行ない得る言語活動は異なってくるでしょうね。

　日本語教師は、学習者が行ない得る言語活動を基にタスクを作成し、それを課すことによって学習者に発話をさせます。タスクは、「機能」「話題」「場面」で成り立っており、それらを変化させることで、タスクの内容や難易度を変えていきます。（このことは、次章以降で詳しく説明します。）

　現在の日本語教育においては、文法や文型がその中心に据えられることも少なくありませんが、文法や文型、あるいは、語彙などは、すべてタスクに従属するものであると考えます。そのタスクが、どんな「場面」で、何を「話題」にし、どのような「機能」を果たすものであるのか、ということによって、そこで使用される言語がどのようなものであるのかが決まってくるのではないかということです。したがって、教師は学習者に対し、いきなり文法や文型を教えるのではなく、まずタスクを遂行させ、そのタスクを遂行する際に必要となる文法や文型、あるいは、語彙を教えるのがいいのではないかと思います。

第1部 理論

第3章 総合的タスク／機能

「初めに言葉ありき」というのは聖書の言葉ですが、OPIでは、初めに言葉（文法や語彙など）があるのではなく、初めにタスクがあると考えます。タスクを遂行するために言葉があるという考え方、つまり、「初めにタスクありき」がOPIの基本的な考え方です。

(1) 機能とは

　日本語学校で日本語を勉強している王さんが、NHKの受信料を徴収するアルバイトをするとします。その王さんが、受信料を徴収するために、田中さんのマンションを訪ねました。受信料を徴収するために、以下のA～Dのようなことをしなければならない可能性があると思われますが、どれが簡単で、どれが難しいでしょうか。最も簡単なものから、最も難しいものまで、順番をつけてみてください。

A. 田中さんは留守がちなので、いつ受信料の徴収に来ればいいのか、どのような徴収方法を希望するのか、などを聞く。
B. 現金で直接払う方法や、銀行口座からの自動引き落としや、一括払いなど、受信料の支払い方法についての説明をする。
C. NHKもスポンサーからの広告料によって運営されるべきであり、一般の人々から受信料を徴収するのはおかしいと主張する田中さんに対して、報道の自由を守るためには公共性が必要であり、そのため、特定の企業ではなく、受益者全体が費用を負担するべきであると反論し、受信料を徴収する。
D. 田中さんが支払うべき金額を言う。

いかがでしょうか。簡単なものから順に並べていくと、D→A→B→Cになるのではないかと思います。Dは、「丸暗記した表現を言う」ということをしているだけなので、かなり簡単です。2〜3日前に日本語の学習を始めた人でも、このぐらいならできるかもしれません。

Aは、「簡単な質問・応答をする」ということをしており、それは、もちろん「丸暗記した表現を言う」ことよりは難しいと考えられます。1人で海外旅行をする時には、その国の言葉で「簡単な質問・応答をする」ぐらいのことはできた方が楽しいでしょうね。

Bの発話は、「説明・叙述・描写をする」という働きをしており、Aよりもさらに難しいものと思われます。その国の言葉で「説明・叙述・描写をする」ことができれば、海外旅行ぐらいは楽々大丈夫ですし、その国で仕事を見つけることもそう難しくはなくなってくるでしょう。

Cは、「裏づけのある意見を言う」ということをしています。ここまで来れば、外国語の習得も最終段階に来ている、と言うことができます。D、A、Bよりも、明らかに難しそうですよね。

人間が発する言葉には、普通は、何らかの役割や働きがあると考えられています。このような、言語の働きや役割のことを「機能」と言います。「丸暗記した表現を言う」、「簡単な質問・応答をする」、「説明・叙述・描写をする」、「裏づけのある意見を言う」というのは、D、A、B、Cのそれぞれの発話が果たしている「機能」です。OPIでは、「丸暗記した表現を言う」は初級の機能、「簡単な質問・応答をする」は中級の機能、「説明・叙述・描写をする」は上級の機能、「裏づけのある意見を言う」は超級の機能であると考えられています。

(2) 評価基準再考

第1章で少し詳しく説明しましたが、OPIの評価基準には、「総合的タスク／機能」、「場面・話題」、「テキストの型」、「正確さ」の4つがあります。4つ、と書きましたが、「総合的タスク」と「機能」、「場面」と「話題」を、それぞれ別のものだと考えると、合計で6つになってしまいます。『ACTFL—OPI試験官養

成マニュアル』(以下、「マニュアル」と呼びます)では、「場面」と「話題」については、それぞれ別の定義がされており、したがって、「場面」と「話題」は別のものだ、と考えることもできます。(マニュアルは、発行元であるアルクに連絡をすれば、購入することができます。)

　しかし、一方、「総合的タスク」と「機能」については、マニュアルではあまりはっきりと定義されておらず、これらが同一のものなのか、別々のものなのか、今ひとつはっきりしません。そこで私は、「場面」と「話題」と「機能」が組み合わさって「総合的タスク」ができる、という考え方を提案したいと思います。

　たとえば、先ほどのABCDの例で言えば、どれも、「場面」は「田中さんのマンション」で、「話題」は「NHKの受信料」です。そして、これらに、「丸暗記した表現を言う」という「機能」が加わればDという「総合的タスク」、つまり、「田中さんが支払うべき金額を言う」という「総合的タスク」ができると考えます。同様に、「簡単な質問・応答をする」という「機能」が加わればAという「総合的タスク」ができ、「説明・叙述・描写をする」という「機能」が加わればBという「総合的タスク」ができ、「裏づけのある意見を言う」という「機能」が加わればCという「総合的タスク」ができると考えます。

(3) 総合的タスクの構成要素

　「総合的タスク」と「場面」、「話題」、「機能」の関係を数式のように表せば、次のようになります。

$$総合的タスク ＝ 場面 ＋ 話題 ＋ 機能$$

　「場面」、「話題」、「機能」のうちのどの数値が上がっても「総合的タスク」の数値が上がる、つまり、「場面」、「話題」、「機能」のうちのどれか1つが難しくなっても、「総合的タスク」も難しくなるということです。しかし、実際には、これら3要素のうちのどれか1つだけが難しくなっていくということは、あま

りないかもしれません。たとえば、先ほどのD→A→B→Cにおいても、「場面」は、すべて「田中さんのマンション」ということで一定していますが、「機能」のレベルだけが上がっているのではなく、「話題」のレベルも「NHKの受信料」という内容の範囲内で少しずつ上がっています。

　Dは、金額を言うだけなので、まだ「話題」と呼べるほどのものではないかもしれません。Aは、「いつ家にいるのか」というような非常に日常的・一般的な「話題」であり、それに対して、Bは、「料金の払い方」という、ある特定の事柄に焦点を当てた個別的・特定的な「話題」になっています。さらに、Cは、「報道の自由」や「受益者の費用負担」といったような、かなり専門的・抽象的な事柄が「話題」になっています。「話題」のレベルという点について言えば、OPIでは、Dのような「話題」のレベルが初級、ABCのそれぞれが、中級、上級、超級というようになっています。（「話題」については、第4章で詳しく説明します。）

　このように、「場面」が同じでも、「話題」と「機能」のレベルが上がることによって、「総合的タスク」の難易度は上がっていきます。また、もちろん、「場面」が変わることによっても、「総合的タスク」の難易度は変化します。たとえば、「レストラン」での店員との会話よりも、「病院」での医師との会話は難しく、被告の弁護を行なうなどの「裁判所」での裁判官との会話は、それらよりもさらに難しいものと思われます。つまり、「レストラン」「病院」「裁判所」という3つの「場面」を考えた場合、レストラン→病院→裁判所、という順番で、そこでの会話が難しくなるということです。ちなみに、ここで挙げた3つの「場面」は、それぞれが、中級、上級、超級というOPIのレベルに対応しています。（「場面」については、第5章で詳しく説明します。）

　しかし、これら3つの「場面」での会話は、「場面」そのもののレベルが上がっているだけでなく、そこで行なわれる会話の「機能」のレベルも、それに応じて上がっているように思われます。つまり、「レストラン」で必要になる会話の主な「機能」は、「簡単な質問・応答をする」というものであり、「病院」での医師との会話の主な「機能」は、「説明・叙述・描写をする」であると思われます。

そして、「裁判所」で被告の弁護をする際に行なう会話の「機能」は、「裏づけのある意見を言う」か、あるいは、それと同じような、かなり高度なレベルのものになるのではないかと思われます。

(4) 授業への応用

　第2章では、学習者に対して、いきなり文法や語彙を教えるのではなく、まずタスクを与え、もしそのタスクがうまくできないようであれば、そこで必要となる文法や語彙を教えるという方法がOPI的であるという話をしました。まさに「初めにタスクありき」です。このような、タスクの遂行を文法や語彙の導入に先行させる方法を、「タスク先行型」の教育、と呼びたいと思います。

　ところで、前節では、「総合的タスク」と言っていましたが、少々まどろっこしいので、これからは、単に「タスク」と言うことにします。「タスク」という言葉は、他の教授法、たとえばコミュニカティブ・アプローチなどでもよく使われますが、本書の中で「タスク」と言う時は、本章で説明したような「総合的タスク」のことだと思ってください。つまり、本書で言う「タスク」とは、「総合的タスク」のことであり、その構成要素には、「場面」「話題」「機能」の3つがあるということです。そして、「タスク」とは、第2章で説明したように、「学習者に発話をさせるための仕掛け」のことを意味しています。

　話を「タスク先行型」の教え方に戻しますが、この教え方では、まず最初に、学習者にタスクを課します。たとえば、授業でロールプレイを行なわせることを考えた場合、ロールプレイを行なうということが、学習者にとってはタスクになります。また、それだけでなく、授業中の、教師から学習者に対する質問や問いかけも、すべてタスクです。たとえば、「陳さん、昨日はどこに行ったんですか？」「誰と行ったんですか？」「そのレストランにどうやって行くのか、教えてくださいよ。」などという、教師から学習者への何気ない問いかけも、すべてタスクであり、学習者の日本語の習得を促進するものだということです。

　普通、会話の授業を行なう時には、教師は「今日はロールプレイをしよう」とか「今日はゲームをしよう」などと考えるのではないかと思います。教師は、ロ

ールプレイやゲームを行なわせること自体は、まさに授業の内容であると考えるでしょうが、その前後に「陳さん、昨日はどこに行ったんですか？」「誰と行ったんですか？」などという会話を学習者たちと行なったとしても、それらは、授業とは直接関係のないものとしてとらえることが多いのではないかと思います。

しかし、OPI的に考えると、ロールプレイやゲームばかりでなく、「陳さん、昨日はどこに行ったんですか？」「誰と行ったんですか？」などといった何気ない問いかけも、学習者の言語習得を促すタスクだということです。ですから、日本語教師は、ロールプレイやゲームなど、その授業のメインになるものの内容や難易度を考えるだけでなく、授業時間内に行なわれるすべての問いかけ・質問の内容・難易度を考えていく必要があるわけです。

タスクは、「場面」「話題」「機能」の3要素によって成り立っていますが、学習者の日本語学習の直接的な動機は、「機能」にあるのではなく、「場面」か「話題」にあります。つまり、学習者は、「説明・叙述・描写（という機能）ができるようになりたい！」などと思うからではなく、「美容院（という場面）で困らないようになりたい！」、「髪型（という話題）についてうまく話せるようになりたい！」などと思うから日本語を勉強するのだ、ということです。教師は、このような学習者のニーズに応えつつ、それぞれの学習者の日本語能力のレベルに合ったタスクを作っていかなければいけません。

その時に役に立つのが、「場面」「話題」「機能」のレベルによって「タスク」の難易度が決まる、という考え方です。学習者の関心が、ある特定の「場面」にあるのなら、他の2つの要素のレベルを調節することによって「総合的タスク」の難易度をその学習者に合わせます。学習者の関心が、ある特定の「話題」にある時にも、これと同様に、他の2つの要素のレベルを調節することによって、「タスク」の難易度をその学習者に合わせるようにすればいいわけです。みなさんも、タスク作りのプロを目指してがんばってください！

第1部 理論

第4章　話題

OPIでは、被験者の日本語能力とそこで扱うべき「話題」の難易度とを考えながら、インタビューを進めていきます。つまり、「話題」が会話の流れを決めているのです。この章では、「話題」の選択に関わるOPIの考え方を紹介し、授業への応用を考えます。

(1) OPIにおける「話題」

　今から、ある被験者にOPIをするとします。もしあなたがテスターなら、次の4つのうちのどの話題からインタビューを始めますか。えっ、ワークショップも受けていないから、OPIのことなんか全然知らないって？　まあ、そう難しく考えずに、どれが一番話してもらいやすいか、というようなごく一般的な観点で考えてみてください。OPIなんて、そう難しいものじゃないんですよ……。

　A. 家族について
　B. 得意な料理の作り方について
　C. 趣味について
　D. 原発の是非について

　いかがでしょうか。多くの方が、AかCを選ばれたのではないでしょうか。両親が離婚していて、あまり家族のことは話したくない、というような被験者がいる可能性もあるため、AとCでは、どちらかと言えばCの方が無難かもしれません。しかし、いずれにせよ、BDよりはACの方が、初めに取り上げる話題としては、明らかにふさわしいと思います。BとDではどうでしょうか。おそらく、DよりはBの方が話題として取り上げやすいでしょうね。もし、これらすべての話題をOPIで取り上げるとしたら、最初にAもしくはC、次にB、そして最後に

D、という順序になります。

　この「AC→B→D」という順序の背後には、実は「身近で具体的な話題→専門的・抽象的な話題」というルールがあります。OPIでは、「身近で具体的な話題」について話すよりも、「専門的・抽象的な話題」について話す方が、より難しいと考えています。したがって、「AC→B→D」という順序、つまり、「身近で具体的な話題→専門的・抽象的な話題」という順序は、「易→難」という順序になっているということです。

　「身近で具体的な話題」と「専門的・抽象的な話題」について、ここで、もう少し深く考えてみたいと思います。この2つの中では、「身近」という言葉が「専門的」という言葉と対応し、「具体的」という言葉が「抽象的」という言葉と対応しています。つまり、「身近な話題」に対して「専門的な話題」があり、「具体的な話題」に対して「抽象的な話題」があるということです。

　まず、なぜ「身近な話題」よりも「専門的な話題」の方が難しいのかというと、「身近な話題」の方が話し慣れているからです。たとえば、魚釣りが趣味で、特にコイを釣るのが三度の飯より好きだ、という人がいたとします。その人にコイ釣りのことを聞けば、コイの習性からコイを釣るための道具、さらには釣り方のコツまで、立て板に水の如く話してくれるのではないかと思います。しかし、この人に外国語の学習方法について聞いても、あまり有益な回答は得られないかもしれません。なぜかと言うと、この人は、外国語の学習方法については、コイ釣りほど真剣に考えたことがなく、たぶんあまり話せないからです。

　どの話題が身近で、どの話題が身近でないかということは、人によって異なります。コイ釣りよりも外国語学習の方が身近だと感じる人もいれば、外国語学習よりもコイ釣りの方が身近だと感じる人もいるだろうと思います。しかし、先ほどのABCDで考えると、料理の専門家や電力会社に勤めている人は別として、世の中のだいたいの人は、「料理の作り方」や「原発の是非」よりも、「家族」や「趣味」の方が身近であり、慣れている事柄だろうと思います。

　次に、なぜ「具体的な話題」より「抽象的な話題」の方が難しいのかというと、「実体があるもの」について話すよりも、「実体がないもの」について話す方

が難しいからではないかと思います。「実体があるもの」とは、たとえば「りんご」「机」「道路」「飛行機」などで、「実体がないもの」とは「論理」「妥協」「理解」「矛盾」「規範」などです。「机の上にりんごがある」という文を話したり聞いたりする時には、「机」や「りんご」の実体が頭の中に浮かんで文の理解や産出を助けますが、「論理的に矛盾している」などと言う時には、具体的なものは何も頭に浮かんでこず、言葉だけが頼りだ、という状態になってしまいます。だから、「家族」や「趣味」や「料理の作り方」よりも、「原発の是非」について話す方が難しいということです。

(2)「話題」が会話の流れを決める

　ところで、OPIを行なう場合に、なぜBやDよりもACの方が、先に取り上げる話題としてふさわしいのでしょうか。その理由は2つあります。

　1つめの理由は、日本人同士が話をする場合でも、特に初対面である場合には、まず「身近な話題」について話をし、それから、「抽象的・専門的な話題」に移っていくというのが自然であり、普通だからです。初対面の人と話す典型的（？）な例として、「お見合い」を考えてみましょう。お見合いの時に、相手に会うや否や「肉じゃがの作り方について教えてください。」などと聞くのは変ですし、ましてや「原発の是非についてどう思いますか。」などといきなり聞こうものなら、破談間違いなし（？）です。やはり、「ご兄弟はいらっしゃいますか。」「ご趣味は何ですか。」などと話を始めるのが普通です。お互いの興味やその後の会話の進展の仕方によっては、得意な料理の作り方を教え合ったり、場合によると、原発がいいか悪いかということについて話し合うこともあるかもしれませんが、いずれにせよ、それは会話が始まってしばらくしてからのことです。

　もう1つの理由は、被験者の言語能力です。被験者の言語能力が低い場合、たとえば、初級被験者の場合、家族や趣味について話すのがやっとで、料理の作り方を説明したり、原発の是非について論じるのは非常に困難なはずです。ですから、被験者のレベルがまったくわかっていないインタビューの最初の部分では、ACのようなごく身近な話題について話をさせるのが無難です。

また、もし被験者の能力が高くて、家族のことや趣味のことを楽々と話してしまったら、次に、被験者の国の代表的な、あるいは、その被験者が得意とする料理の作り方を説明してもらったり、さらにレベルの高い被験者の場合には、原発の是非のような、社会問題や時事問題について意見を言ってもらったりします。

　以上のような理由から、OPIでは、どのレベルの被験者にどのレベルの話題を中心的に話させるのかということに気を配りながら、話題によってインタビューの流れを作っていきます。つまり、先ほどの例で言うと「AC→B→D」というようにです。日本語の教室においてもOPIと同様に、クラスの学習者のレベルと、そこで扱うべき話題のレベルとの関係を注意深く考えながら、話題によって授業の流れを作っていくべきだと思います。

(3) 日本語能力と「話題」の難易度

　それでは、OPIでは、どのレベルの被験者にどのレベルの話題を扱わせるのでしょうか。『ACTFL—OPI試験官養成マニュアル』(アルクで入手可能)には、被験者のレベルと、そのレベルの被験者が扱い得る話題との関係が、以下のように書かれています。

　　初級：日常生活における、最もありふれた事柄
　　中級：日常的な活動や自分の身の回りの事柄に関連した、予想可能で、かつ身
　　　　　近な話題
　　上級：個人的・一般的な興味に関する話題
　　超級：広範囲にわたる一般的興味に関する話題、およびいくつかの特別な関心
　　　　　事や専門領域に関する話題

　まず、初級というのは、「○○時です」と時間を言ったり、「○○です」と目の前にある物の名前を言ったり、「私は○○です」とごく簡単な自己紹介をするというようなレベルです。ですから、まだ話題らしい話題を扱えるようなレベルではありません。中級になると、先ほど述べたような「趣味」や「家族」のほか、「食事」「1日の出来事」「買い物」「旅行」などを扱えるようになります。しか

し、「趣味」「家族」「食事」「1日の出来事」「買い物」「旅行」などと言っても、中級で扱えるのは、あくまで「予想可能」で、「身近」な範囲のことだけです。たとえば「旅行」であれば、いつ誰とどこに行ったか、というようなことを簡単に述べるのみであり、青森で見たねぶた祭りがどのようなものであったか、というような「個人的・一般的な興味」に関する事柄は、上級話者が扱う事柄になってしまいます。さらに、超級では、「政治」「経済」「教育」「文化」「国際問題」など、かなり専門的な話題を扱います。

ところで、中級の話題についてですが、「予想可能」であるということは、中級話者は、まだ言語のみである事柄を伝えきることができず、かなりの部分、その時の状況というか、話者を取り巻くコンテクストのようなものに助けられて話をしている、ということであると言えます。つまり、(初級はもちろんのこと)中級においては、言語活動のかなりの部分が、「場面」に依存しているということです。

(4) 授業への応用

では、ここまでの内容をまとめ、「話題」に関する、レベル別の指針を示してみたいと思います。授業では、できることを勉強しても面白くない（進歩がない？）ので、初級クラスにおいては、上記の「中級」の話題、中級クラスにおいては同様に「上級」の話題、上級クラスにおいては「超級」の話題を勉強する、というように考えます。

　　初級クラス：場面の設定をしっかり行ない、ごく身近な話題を扱う。
　　中級クラス：個人的・一般的な関心事について、どんどん話させる。
　　上級クラス：抽象的・専門的な話題を扱う。

まず、初級クラスにおいては、「話題」についても「身近なものに限る」という考慮をしなければいけないのですが、それと同時に、まだ「場面」に依存しなければコミュニケーションを円滑に行ないにくいレベルであるため、「場面」の設定もしっかり行なう必要があります。具体的には、学習者が日本人と日常的に

接触し得る「場面」を探し、その「場面」を教材化して練習を行なう、というのがいいのではないかと思います。

　また、初級というと、オーディオリンガル的な文型練習をすぐに思い浮かべますが、そのような場合にでも必ず「場面」の設定を行なうのがOPI流です。ドリルを行なう時にも、できるだけ場面設定を行なうように心がけてください。(「場面」については、次章で詳しく説明します。)

　中級クラスでは、先に挙げた「趣味」「家族」「食事」「1日の出来事」「買い物」「旅行」というような、身近な「話題」を取り上げてその授業のテーマとし、たとえば「趣味」なら、最初に「趣味は何か」「いつ誰とどこでそれをするのか」などをウォーミング・アップとして話させ、その後で、もし「写真」が趣味なら、「今までとった写真の中で一番気に入っているものはどのような写真であるのか」「いい写真をとるコツは何か」「初心者はどのようなことに気をつけるべきか」などについて話させる、というように、ごく身近な話題から、個人的・一般的な関心事へと高めていくような授業ができれば、理想的だと思います。

　また、現実の中級クラスの授業では、読解を中心とした総合教材のようなものをテキストとして用いることが多いのではないかと思います。そのような授業では、テキストの本文の内容や本文中の単語を利用して会話を膨らませていくようにすれば、授業があっという間にOPI的になります。たとえば「小学校」という単語が出てくれば、「小学校時代はどんな子供だったのか」「あなたの国の小学生はどんなことをして遊ぶのか」「先生はどのようにして生徒を叱ったか」などということを話題にして話をさせることができます。

　上級では、生教材を使うことが多いと思います。そのような場合には、「政治」「経済」「教育」「文化」「国際問題」などの抽象的・専門的な「話題」を、そのクラスの学習者の興味のあるものを中心に、バランスよく扱うようにしてください。そして、たとえば「政治」という「大きな話題」の中でも、身近なものから抽象的・専門的なものへと「小さな話題」が変わっていくようにするといいのではないかと思います。

第1部　理論

第5章　場面

学習者は、レストランやスーパーマーケットや学校や病院など、様々な場面で日本語を使う必要があるにもかかわらず、普段は「教室」という1つの場面でのみ授業が行なわれています。本章では、教室外の場面を教室内に取り入れるための基本的な考え方を、OPIから学んでいきます。

(1) 場面と難易度

　みなさんが海外旅行に行ったとします。次の4つの中で、最もあり得そうな場面はどれですか。また、最もあり得なさそうな場面はどれでしょうか。最もあり得そうな場面から、最もあり得なさそうな場面まで、順番に並べてみてください。

　A. 土産物屋で買い物をする
　B. レストランで食事を注文する
　C. 裁判所で被告の弁護をする
　D. 病院で医者に病状を説明する

　まず、AとBは、海外旅行に行けば、必ずと言っていいぐらい出会う場面ではないかと思います。ですから、最もあり得そうな場面は、AとBだと言っていいでしょうね。次に、Dも、もしかしたらあるかもしれませんね。旅先で突然病気になり、現地の病院に行かなければならなくなる、ということは、何回も海外旅行に行っていれば、起こり得ることだと思います。そうすると、ABの次にあり得そうな場面は、Dだということになります。そして、最後がCです。旅先で知り合った人が殺人罪で告訴され、その人を弁護するために裁判所に出頭する、というようなことは、めったにあることではないですよね。

あり得そうな場面から、あり得なさそうな場面までの順番は、結局、AB→D→Cということになるのではないかと思います。そして、この順番は、その場面における言語活動の難易度の順番にもなっています。海外旅行の最中に本当にこれらのことがあったとして、どの場面を切り抜けるのが簡単で、どの場面を切り抜けるのが難しいか、というようなことを考えればわかりやすいのではないかと思いますが、いかがでしょうか。土産物屋で買い物をしたり、レストランで食事を注文したりする時の会話は、それほど難しいものではありません。しかし、病院で医者に病状を説明するのは、それよりは難しいと思います。さらに、裁判所で被告の弁護を行なう、などというのは、仮に日本語で行なうとしても、かなり難しいことではないでしょうか。つまり、毎日出会うような身近な場面での会話は、言語活動としてそれほど難しいものではなく、逆に、めったに出会わないような場面での会話は、言語活動としてかなり難しいものだ、ということです。

(2) 経験値と予測可能性

　では、毎日出会うような身近な場面における言語活動がなぜ簡単かと言うと、同じ場面を何度も経験し、その場面を乗り切ることの「経験値」が高くなっているからだと思います。たとえば、日本人が日本国内の飲食店に入る時でも、初めての店だと少し緊張しますよね。値段はどうなのか、注文の仕方はどうなのか、客層はどうなのか、というようなことがよくわからないから、何となく緊張するのだろうと思います。しかし、同じ店に2〜3回行ってしまえば、あとは、特にどうということはありません。なぜなら、その店における「経験値」が高くなったからです。

　海外旅行をしている時でも同じだと思います。初めての国で1人で食堂に入る時にはすごく緊張しますが、2〜3回同じ店に行けば、仮にあまり言葉がわからなかったとしても、それほど緊張しなくなりますよね。要するに、何度も出会う場面だと、その場面における経験値が高くなっているので、その場面で言語活動を行なうことが簡単だが、あまり出会わない場面だと、経験値が高くなっていないので、その場面で言語活動を行なうことが難しい、ということです。AB→D

→Cという順番は、経験値の高低の順番だと言えます。

　また、AB→D→Cは、経験値の高低の順番になっているだけでなく、「予測可能性」の高低の順番にもなっているのではないかと思います。つまり、そこでの会話がどのようなものになるのかということが、「土産物屋」と「レストラン」では非常に予測しやすいが、「病院」ではそれよりも予測しにくく、「裁判所」ではさらに予測しにくい、ということです。

　その場面での会話の流れがだいたい予測できるようなものであるのなら、つまり、誰がいつその場面に遭遇しても、会話の展開がだいたい同じようなものになるのなら、その会話を記憶してしまえばいいわけです。しかし、その場に行く人や行く時によって、会話の流れが異なってくるのであれば、そこでの会話を記憶するわけにはいきませんし、また、何回もその場面を経験したとしても、その場面における「経験値」があまり高くならない可能性があります。

　「レストラン」での会話というのは、実際、かなり予測できますよね。レストランに入れば、おそらく「椅子に座れ」と言われるでしょうから、そのとおり、椅子に座ります。次に、注文をとりに来るでしょうから、その時に、「○○をお願いします。」と言います。「スープかサラダか」「コーヒーは食後でいいか」というようなことを聞かれたら、自分の好みに合わせて適当に答えます。そして、食事を終えてレジのところに行けば、払うべき金額を言われるから、それを払います。さらに、「おいしかった。ありがとう。」とでも言い添えておけば、完璧（？）ではないでしょうか。レストランによって多少の違いはあるでしょうが、誰が、いつ、どんなレストランに行っても、だいたい同じような会話になるでしょうから、レストランでの言語活動は、数回経験することによって、十分に「経験値」が高まる言語活動なのだろうと思います。

　逆に、予測がつかないような相手の発話に対応するのは、かなり厄介なことです。これは、私自身の経験なのですが、初めてアメリカに行き、初めて入ったスーパーで会計を済ませた後、レジの人に「Paper or plastic？」と聞かれて、すごく困ったことがあります。紙袋がいいのか、現在日本のスーパーでよく使われているようなビニールの袋がいいのか、ということを聞かれただけだったのです

が、日本ではこのようなことを聞かれたことは一度もなく、まったく予測できないことだったので、英語そのものは完全に聞き取れたにもかかわらず、質問に答えることができませんでした。

　このレジでの話は、ちょっと極端な例かもしれませんが、レストランや土産物屋での会話より、病院での医者との会話や、さらには、裁判所での会話は、より予測のしにくいものであり、したがって、より難しいものになります。病院では、どのような病気であるかによって、医者の言うことも変わってくるでしょうし、国が違うと、病院のシステムそのものもかなり違う可能性があります。また、裁判所では、それが仮に日本国内のことであったとしても、どのような会話が行なわれるのか、まったく予測できないというのが、ごく普通ではないかと思います。病院や、さらには裁判所に平気で飛び込んでいける外国人というのは、何が起こっても大丈夫だと言えるぐらい、かなりしっかり自分の言語をコントロールできる人だと思います。

　会話というのは、そもそも、「出たとこ勝負」で行なうものなのですが、その場面における経験値が高かったり、その場面における会話が予測可能なものであったりすると、「出たとこ勝負」的な色彩が弱くなり、そこでの会話が簡単なものになるのでしょうね。

(3) 場面依存性

　ある場面における言語活動の難易度を決定する要因として、「経験値」と「予測可能性」という2つの概念を挙げましたが、これ以外にも、「場面依存性」という概念が考えられるのではないかと思います。具体的に言うと、「場面依存性」が強い言語活動は簡単で、「場面依存性」が弱い言語活動は難しい、ということです。例として、「水餃子の作り方を説明する」という言語活動を考えてみます。水餃子の作り方を説明する場合、どこかの厨房で行なうのと、料理とはまったく関係のない場所で行なうのと、どちらが簡単でしょうか。

　私は、厨房で行なう方が簡単だと思いますが、いかがでしょうか。どこかの厨房で水餃子の作り方を説明する場合は、そこに、調理器具や調味料や食材がそろ

っているでしょうから、小麦粉や麺棒やボールなどを手に持って、「まず、これをこうしてください。そして次に、これをこうしてください。……」などと言っていくだけで、けっこう説明できてしまうのではないかと思います。一方、調理器具や調味料や食材などがまったくない、どこかの講習会場のようなところで水餃子の作り方を説明する場合は、「まず、水に溶いてよく練った小麦粉を、直径3センチぐらいの棒のような形にし、それを2センチぐらいの幅に切っていってください。そして、それらを1つずつ麺棒で薄く延ばして、皮を作ります。……」などというように、具体的に言葉で説明していかなければいけません。後者の場合の言語活動は、調理器具や調味料や食材の助け、つまり、場面の助けを借りることができないので、場面に頼らず、言語のみに頼って言語活動を行なわなければいけないわけです。そうなると、当然、言語活動は難しくなります。

(4) 授業への応用

　ところで、OPIで測定するものは、被験者のoral proficiencyです。つまり、言語を用いて何ができるのか、ということを測定するわけです。もしある人が、ある1つの場面でしか力を発揮することができないのなら、その人は本当に言語能力があるとは言えないでしょう。本当に言語能力がある人なら、いろいろな場面でいろいろなことができるはずです。ですから、OPIは、本来は、レストランや病院や裁判所など、様々な場所に行って行なうべきなのです。被験者が日本語を使ってそれぞれの場面で何ができるのかを調べ、それらの結果を総合して判定を行なえば、被験者の言語能力を正確に知ることができます。しかし、当たり前のことですが、そのようなことをしていたのでは、OPIが非常に実用性の低いものになってしまいます。では、どうすればいいのでしょうか。

　そこで、登場する解決策がロールプレイです。ロールプレイを行なうことによって、OPIの中に、まったく別の場面を取り込むことができるようになります。第10章で詳しく述べますが、OPIには、「①ウォームアップ→②レベルチェック→③突き上げ→④ワインドダウン」という定まった手順があります。ロールプレイは、「③突き上げ」と「④ワインドダウン」の間に行なわれます。

第5章　場面

　「文型」「話題」「場面」という3つの要素を考えた場合、OPIでは、ロールプレイ以外の部分では「話題」が前面に出てインタビューが進み、ロールプレイの部分では「場面」が前面に出ています。もちろん、テスターは、どんな「文型」が使われているかということにも、注意を払ってはいるのですが、「文型」がインタビューの前面に出ることはありません。それと同様に、授業でも、「文型」ではなく、「場面」か「話題」が前面に出されるべきだと思います。つまり、文型シラバスよりも場面シラバスか話題シラバスの方がいい、ということです。

　授業で、「場面」と「話題」のどちらに重きをおくかは、「読む」「聞く」「書く」「話す」のどの技能の教育に重点をおくかによって違います。結論を先に言えば、「読む」「書く」の場合は「話題」が中心になり、「話す」は「場面」が中心になります。そして、「聞く」は、その中間ぐらいではないかと思います。

　「読む」「書く」という行為を、普段みなさんがどこで行なっているか、ということを考えてみてください。家や学校や職場というような限られた場所で行なっている、という人が多いのではないでしょうか。つまり、読むこと、書くことが行なわれる「場面」の種類はそれほど多くはなく、その反面、読む内容や書く内容、つまり、読んだり書いたりする「話題」は非常にバラエティに富んだものになっているのではないかと思います。

　一方、「話す」ということは、読むことや書くことに比べると、かなり多くの「場面」で行なわれているのではないかと思います。もちろん、何を話すかという「話題」の広がりも大切ですが、どんな「場面」で何をするのか、ということが非常に重要になってきます。

　ですから、「場面」という要素を取り入れるために、OPIでロールプレイを行なうのと同じように、普段の授業でも、学習者の会話能力を伸ばすことを考えるのであれば、「場面」を意識した練習を行なうことが不可欠になります。（第18章～第24章には、その具体的な方法が詳しく書いてありますので、参考にしてください。）

第1部 理論

第6章　正確さ

OPIでは、「話題」の展開によってインタビューが進んでいき、決して「文法」が前面に出ることはありません。しかし、「文法」を無視しているわけでもありません。では、OPIでは「文法」をどのように位置づけているのでしょうか。この章では、OPI的な文法教育について説明します。

(1)「正確さ」とは

　この章も、まず質問から始めます。外国人の日本語の発話能力を評価する場合、次の4つのうちのどれを最も重視すべきだと思いますか。

A. 文法
B. 発音
C. 語彙
D. 流暢さ

　いかがでしょうか。やはり、「文法」でしょうか。それとも、「発音」でしょうか。OPIでは、ちょっと欲張りな考え方かもしれませんが、これら4つはどれも同じように重要だと考えています。逆に言えば、どれか1つだけを特に重視することはない、ということです。

　本書の第1章で述べましたが、OPIの評価基準には、「総合的タスク／機能」「場面・話題」「正確さ」「テキストの型」の4つがあります。そして、そのうちの「正確さ」には、「文法」「語彙」「発音」「流暢さ」「社会言語学的能力」「語用論的能力」という6つの下位分類があります。つまり、先ほどのABCDは、どれも「正確さ」の中の1要素であるということです。したがって、OPIでは、これら4つはどれも対等であり、たとえば「文法」だけを特に重視するというような

ことはないわけです。

　ところで、「文法」「語彙」「発音」が「正確さ」の中に入っているというのは理解できるとしても、「流暢さ」までが「正確さ」の中に含まれているというのは、何となく変な感じがしませんか。「流暢さ」というのは、普通は、「正確さ」の対極にあるものだと考えられていますよね。しかし、OPIでは、「流暢さ」は「正確さ」の1要素であると考えています。また、「流暢さ」だけでなく、敬語の使用能力などを見る「社会言語学的能力」や、コミュニケーション上の挫折を回避するための方略（わからない言葉を他の言葉で言い換えるといったような方略）を使用する能力を見る「語用論的能力」までもが、「正確さ」の中に含まれています。さらに、「テキストの型」は、今でこそ他の3つの評価基準と同等の地位（？）を確立しているのですが、1989年までは、「テキストの型」は「正確さ」の中に含まれていました。

　つまり、OPIにおける「正確さ」とは、日本語教師が普通に考えているような狭義の「正確さ」のことではなく、言語活動の遂行状況全体を指していると思われるような、かなり広義のものであると言えます。

(2) タスクを支える正確さ

　第3章で、「場面」と「話題」と「機能」が組み合わさって「タスク（総合的タスク）」ができると書きましたが、「正確さ」とは、いわば「タスクを受け止めるもの」であると考えられます。授業とは、教師が学習者に「タスク」を課し、学習者がその「タスク」を遂行することによって成り立つものです。教師の"仕事"が「場面」「話題」「機能」を組み合わせて作った「タスク」を学習者に課すことだとすれば、学習者の"仕事"は、できるだけ高い「正確さ」でその「タスク」を遂行することだと言えます。ここで最も大切なのは、「正確さ」とは「タスク」の遂行を支えるものだ、ということです。

　普通、初級の授業では、教師は「文法」（あるいは「文型」）を教えます。「そんなことはない。私はコミュニケーションの方法を教えている！」とおっしゃる先生もいらっしゃるかもしれませんが、しかし、ほとんどの初級のテキストは、

「文法」によるシラバスを採用しています。たとえば、スリーエーネットワークの『みんなの日本語』などがそうです。『みんなの日本語』では、まず最初に、「私はマイク・ミラーです」というような名詞文を教えます。次に、動詞文を教え、さらに、形容詞文、形容動詞文へと続いていきます。その後は、動詞の活用です。テ形、ナイ形、辞書形、タ形が次々と登場し、それに伴って「〜ている」「〜てください」「〜なければならない」などの文末形式や、「〜てから」「〜る前に」「〜と」「〜たら」などの簡単な接続の表現などが提出されます。そして後半部分では、ヨウダ・ソウダ・ハズダなどのモダリティに関わる表現、テアル・テオク・テミルなどのアスペクトあるいは動作の局面に関わる表現、受身・使役などのヴォイスに関わる表現などが扱われます。

　近年、コミュニカティブ・アプローチなどの考え方が浸透してきたことにより、単なるパターンプラクティスを行なうのみでなく、ロールプレイやゲームなどのタスク練習が、授業の中でも積極的に行なわれるようになってきました。しかし、せっかくのタスク練習も、文法シラバスのテキストを土台にした授業の中で行なっていては、効果は半減だろうと思います。なぜなら、ある文法・文型を習った後で、いくらタスク練習を行なっても、どうしても、その文法・文型を使うことを意識してしまうだろうと思われるからです。

　本書の第4章では「話題」について、第5章では「場面」について述べましたが、人間が言語活動を行なう時、普通、その引き金となるものは「話題」か「場面」です。「相撲の話がしたい」とか「昨日食べたピザの話がしたい」とかというように、ある「話題」についてどうしても話したいと思ったり、「美容院に行って髪を切りたい」とか「熱があるので病院で診察を受けたい」とかというように、ある「場面」でどうしても話さなければならないと思ったりするから言語活動を行なうのであって、決して「受身文を使いたい！」とか「〔〜ば〜ほど〜だ〕という文型を使いたい！」などと思って言語活動を行なうのではないはずです。

　タスクというものは、そもそも「話題」か「場面」が前面に出ていなければいけないものなのです。ですから、いくら質のいいタスクを教師が作成して学習者

に与えたとしても、文法・文型の導入・練習を行なった後では、ほとんどその意味を失ってしまうのではないかと思います。したがって、「文法」によるシラバスに基づく授業を行なっている限り、本当の意味でのタスク活動を行なうことは、決してできないのではないかと思います。

話が少しずれてしまいましたが、ここで言いたいことは、現在の日本語教育では、(特に初級では)「文法」が教育の中心に据えられており、「タスク」は非常に軽視されているということです。しかし、OPIでは、中心にあるものは「タスク」であり、「文法」は、「タスク」の遂行を支える単なる1要素にすぎない、というように考えられています。つまり、「文法」とは、「タスク」という本体を支えるために存在する、何本かの足のうちの1本だということです。

(3) OPI的文法教育

OPIにおける「文法」あるいは「正確さ」に対する考え方は、「タスク」の遂行にとって必要・有効なものであるか否か、ということのみです。ある「タスク」を遂行するためには、どのような「文法」が必要になるのか、というような見方をするのが、OPI的な文法教育です。

たとえば、「天丼を注文したのにカツ丼が来てしまったので店員に苦情を言う」というロールプレイを中級レベルの学習者に行なわせたとします。このロールプレイを行なわせた時に、非常によく見られる学習者の発話は、「すみません。私は天丼を頼みました。」というようなものです。いかがでしょうか。何となく不自然な感じがしませんか。本来なら「私が頼んだのは天丼です。」などと言うべきだろうと思います。

この「私が頼んだのは天丼です。」という文は、分裂文などと呼ばれるものですが、この分裂文は、注文のとり間違いに関する「タスク」とは非常に相性がいいようです。実際に、日本人が食堂やレストランでこのような場面に遭遇した時にも、分裂文を使うことが多いのではないかと思います。

また、「待ち合わせの場所を勘違いしているAが、自分が場所を勘違いしているのではないかと心配になり、念のため、相手に確認の電話を入れる」というロ

第 1 部　理論

ールプレイを行なわせたとします。このロールプレイを行なわせた時によく見られる学習者同士の会話は、「待ち合わせは西口でした。」「いえ、東口だと思います。」というようなものです。これも、どこか不自然ですよね。これらは、「待ち合わせは西口だった<u>よね</u>。」「えっ、東口<u>じゃなかった</u>？」というようにすれば、完全に自然になります。このような「よね」や「じゃなかった」などの表現を確認要求表現と言いますが、これらは、勘違いなどによって起こった情報のギャップを埋める時には、非常に有効な表現です。つまり、確認要求という文法項目は、「勘違い」に関する「タスク」とは、非常に相性がいいということです。

　もう1つ例を挙げます。次のような場面を想像してみてください。AさんとBさんは今度の日曜日に一緒に映画を見に行く約束をしていた。しかし、Bさんは突然都合が悪くなり、映画に行けなくなった。BさんがAさんに電話しようとしていたところにAさんから電話があり、「今度の日曜日のことなんだけど、何時にどこで待ち合わせる？」と言われた……。

　さて、もしみなさんがBさんなら、こんな時、どう言いますか。日本人にとっても少し難しい場面なのではないかと思いますが、こんな時には「ごめん、私もちょうど電話しようと思っていたところなんだけど……」などと切り出すと、次の話、つまり、都合が悪くなったことの事情説明が、非常にしやすくなるのではないかと思います。

　この表現の鍵は、「～ようと思っていたところなんだけど」の部分です。これは、「～よう＋と思う＋ていた＋ところだ＋のだ＋けど」という複合形式になっているのですが、まさに"組み合わせの妙"とも言える、実にうまい表現ではないかと思います。まず、「～よう」という意志を、「と思う」を用いることによって、表出的にではなく、述べ立て的に（少し冷静に）述べています。また、「ていた」と「ところだ」を用いることによって、電話がかかってくる以前からそのような意志があり、そして、電話がかかってきたまさにその時まで、その意志を持っていたことを示しています。次に、「のだ」を用いることで、そのようなことを相手に説明したいのだという気持ちを表し、最終的に「けど」という接続助詞でこの発話をとりあえず終結させ、かつ、「実は、……」などという自らの次

の発話を出しやすくしています。

　つまり、「〜ようと思っていたところなんだけど」という複合形式は、「機先を制された時の言い訳」というタスクと相性がいいということです。タスクのパートナーとしての表現を考える場合には、単一の表現形式だけでなく、このような複合形式も考慮に入れることが重要です。

（4）タスクと文法の融合シラバス

　以上のように、「タスク」との関連でもって「文法」を教えていくというのが、OPI的な文法教育の考え方なんですが、このような考え方において非常に重要になるのが、「タスク」と「文法」とを関連づけるということです。(3)で、いくつか例を挙げましたが、それら以外にも、いろいろな例を挙げることができます。

　たとえば、「誰かをどこかに誘う」という「タスク」であれば、「〜ませんか」「〜ましょうよ」というような表現が必要になるでしょうし、また、「誰かに何かを頼む」という「タスク」であれば、「〜てもらえませんか」「〜ていただけませんか」などの表現が必要になります。

　しかし、「タスク」と、それを成り立たせるための「文法」との関係は、実は、まだそれほど明らかになっているわけではありません。ですから、まずは、初級・中級・上級のそれぞれのレベルにおいて学習者がクリアすべき「タスク」を洗い出す必要があります。そして次に、それらの「タスク」の遂行に必要となる「文法」を探していきます。もちろん、「タスク」とそれぞれの「文法」との相性の良し悪しには濃淡があるでしょうから、「タスク」の遂行に必要不可欠なもの、必要不可欠ではないが使用すると効果的なもの、などというように分類していく必要があるだろうと思います。

　このような作業を進めていけば、「タスク」と「文法」を融合した日本語教育のシラバスができあがります。魅力的な「タスク」は学習者の意欲を高めてくれるでしょうし、その後ろに整備されている「文法」は、確実に学習者の日本語力を向上させていくのではないかと思います。

第1部　理論

第7章　テキストの型

OPIの評価基準には、「総合的タスク／機能」「場面・話題」「正確さ」「テキストの型」の4つがありますが、この中で一番の新参者が「テキストの型」です。また、その理論的な裏づけも今ひとつはっきりしないのですが、判定の際に誰もが重宝し、最も実用的でわかりやすいのが「テキストの型」です。

(1) テキストの型とは

　Aさん、Bさん、Cさん、Dさんという4人の学習者にOPIをしたとします。以下のABCDが、その4人の発話です。どの学習者の日本語が一番上手か、そして、どの学習者の日本語が一番下手か、考えてみてください。また、なぜ一番上手だと思ったのか、なぜ一番下手だと思ったのか、ということも考えてみてください。えっ、そんなことわかるわけないって？　大丈夫。確かにちょっと難しい問題ですが、何度も読んでみたら、きっとわかるだろうと思います！

　A. あースポーツ、ハイキング、テニスー、あハイキングと、テニス、は、あです。

　B. 私の趣味は、あー音楽、とキャンプ、と、んー美術館、と、んー、走るの、あーがあっあっ、ですうん。

　C. 2階、が、あります、とー、部屋がさん、いつつ、あー、小さい、庭、とー、んー近所は、いつも静か。

　D. 畳の部屋、です、あのー、シャワーも、台所も、全部ああありますけど、はい、1か月、家賃はだーたいー6万円。

　まず、AとBは趣味に関する発話で、CとDが住んでいる家に関する発話だということは、わかりますよね。では、この4人のOPIの判定結果を、発表しま

す。Aさんは「初級―中」、BさんとCさんは「初級―上」、Dさんは「中級―下」です。ですから、このOPIの判定結果から言うと、Dさんが一番上手で、Aさんが一番下手だということになります。みなさんが予想された結果と、だいたい一致していたでしょうか。

　AさんとDさんの発話を比べると、Dさんは、日本語の「文」を何とか言えているように感じられますが、Aさんは、「文」で話しているというよりは、「単語」を羅列して日本語を話している、というように感じられるのではないかと思います。BさんとCさんは、その中間、というような感じでしょうか。

　「文」で話しているのか、それとも「単語」で話しているのか、という基準以外にも、4人の能力の高低を判断するための指標はあるでしょうが、「単語」か「文」かという基準は、非常にシンプルでわかりやすいように思えます。OPIには、被験者が「単語」で話しているのか、「文」で話しているのか、それとも、「段落」あるいは「複段落」で話しているのか、という基準があり、それを「テキストの型」と呼んでいます。

　そう言えば、「テキストの型」については、第1章でも簡単に触れていますよね。第1章で述べたように、OPIには、「総合的タスク／機能」「場面・話題」「正確さ」「テキストの型」という4つの評価基準があるのですが、この中では「テキストの型」が最もわかりやすく、最も使いやすい指標であると言えます。

　しかし、実は、この「テキストの型」というのは、それほど由緒正しい（？）評価基準ではないのです。前章でも書きましたが、「テキストの型」というのは、もともとは「正確さ」の中に存在していたのです。つまり、「発音」「語彙」「文法」「社会言語学的能力」「語用論的能力」「流暢さ」と並ぶ「正確さ」の下位項目の1つだったのですが、1989年のOPIマニュアル改正の時に、「正確さ」の下位項目という立場から、「総合的タスク／機能」「場面・話題」「正確さ」と並ぶ4本柱の1つにまで昇格したのだそうです。1989年のOPIマニュアルには、昇格の理由は書かれていませんが、プリンストン大学の牧野先生の話によると、「わかりやすいから」だとのことです。なんとも「わかりやすい」理由ですが、OPIでは「総合的タスク／機能」が最も大切だ、と言われながらも、実は、最も重宝

しているのが、この「テキストの型」ではないかと思います。

(2) OPIの言語習得観

OPIには、第1章の表1〜表3に示したような言語習得観があると言われています。つまり、「総合的タスク／機能」「場面・話題」「正確さ」「テキストの型」という4つの要素から成り立つ言語能力が、それぞれの要素の中に刻まれた初級、中級、上級、超級という目盛りにしたがって、総合的に向上していくというような言語習得観です。さらに、「総合的タスク／機能」「場面・話題」「正確さ」「テキストの型」という4本柱の中では、「総合的タスク／機能」が最も中心的なものであり、他の3本の柱は、結局は「機能・タスク」に収束していくものであると言われています。

しかし、私は、OPIの言語習得観の根底にあるものは、「テキストの型」ではないかと思います。つまり、言語習得の過程とは、コントロールできる言語の範囲の拡張の過程である、と考えるわけです。コントロールできる言語の範囲の拡張という観点から、OPIの初級から超級までの習得過程をとらえると、以下のようになります。

初級：単語しかコントロールできないレベル（文を安定して産出することができないレベル）

中級：文をコントロールできるレベル（文を安定して産出することができるレベル）

上級：段落をコントロールできるレベル（段落を安定して産出することができるレベル）

超級：複段落をコントロールできるレベル（複段落を安定して産出することができるレベル）

OPIがタスクを基盤とするテストであり、4本柱の中では「総合的タスク／機能」が最も重要であるということと、言語の習得過程を「単語→文→段落→複段落」というコントロールできる言語の範囲の拡張の過程ととらえることは、特に

矛盾することではなく、コントロールできる言語の範囲が広がるにつれて、言語を用いてできることの範囲も広がっていく、ということなのではないかと思います。

たとえば、OPIの上級レベルの「総合的タスク／機能」には、「説明ができる」ということと「予期しない状況に対応できる」ということがありますが、これらは、どちらも、「段落をコントロールできる」ということがベースにあるのだろうと思います。段落という範囲の言語のコントロールができるからこそ、「説明する」ということができるのであり、また、「説明する」ということができるからこそ、「予期しない状況に対応する」こともできるのではないかと思います。

また、超級でも、「意見を裏付ける」ことと、「敬語の使用を余儀なくされるような場面を切り抜ける」ことと、「普通体の使用を余儀なくされるような場面を切り抜ける」ことが要求されますが、これらもすべて、複段落という範囲の言語のコントロールができることがベースにあるのだろうと思います。

まず、「意見を裏付ける」ためには、意見そのものを述べる段落と、その根拠を述べる段落の、最低でも2つの段落が必要になりますし、また、もし、例示をしたり、例外を述べたりすれば、それ以上の数の段落が必要になりますから、当然、複段落レベルの言語のコントロールが必要になります。また、敬語を使ったり、普通体を使ったりということも、1文あるいは1段落のみのことではなく、その場で発しているすべての発話を、敬語もしくは普通体にする必要があるわけですから、これもまた、当然のことながら、複段落レベルの言語のコントロールということが必要になるだろうと思います。

(3) テキストの型と言語活動

次に、コントロールできる言語の範囲が広がるにつれて、具体的にどのような言語活動ができるようになるのかということを見ていきたいと思います。

次ページの図は、南山大学の鎌田修先生が作られた「言語活動のプール」という図です（鎌田修（2000）「日本語の会話能力とは何か―プロフィシェンシーの観点から―」『2000年度日本語教育学会春季大会予稿集』を参考にして書きまし

第1部　理論

た)。この図は、右から左に行くにしたがって、プールの水深が少しずつ深くなっています。そして、水深が深いところに位置する言語活動ほど、難易度が高いわけです。難易度のレベルは、「へっちゃら！」が初級、「まあまあ！」が中級、「むずかしい！」が上級、「超むずかしい！」が超級に当たります。つまり、単語しかコントロールできないレベルが「へっちゃら！」、文をコントロールできるレベルが「まあまあ！」、段落をコントロールできるレベルが「むずかしい！」、複段落をコントロールできるレベルが「超むずかしい！」であるということです。

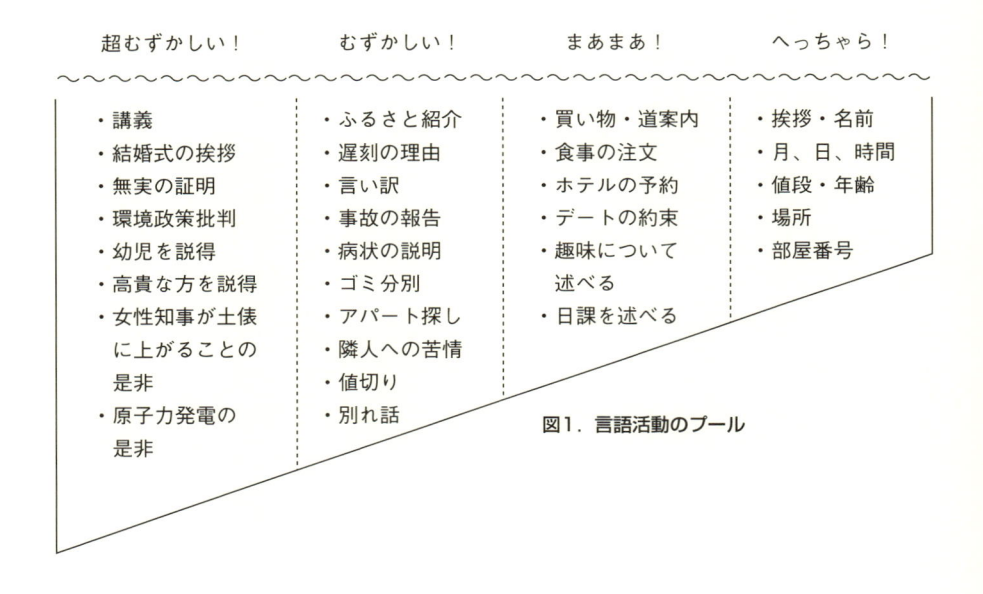

超むずかしい！	むずかしい！	まあまあ！	へっちゃら！
・講義	・ふるさと紹介	・買い物・道案内	・挨拶・名前
・結婚式の挨拶	・遅刻の理由	・食事の注文	・月、日、時間
・無実の証明	・言い訳	・ホテルの予約	・値段・年齢
・環境政策批判	・事故の報告	・デートの約束	・場所
・幼児を説得	・病状の説明	・趣味について述べる	・部屋番号
・高貴な方を説得	・ゴミ分別	・日課を述べる	
・女性知事が土俵に上がることの是非	・アパート探し		
・原子力発電の是非	・隣人への苦情		
	・値切り		
	・別れ話		

図1．言語活動のプール

　この図は、コントロールできる言語の範囲のレベルと言語活動の難易度のレベルとを、非常にわかりやすく表していると思います。まず、「単語」のコントロールしかできないレベルでの言語活動は、挨拶のような決まり文句か、あるいは「名詞＋です」という形の、事実上、単語を言っているだけというような文型で用が足せる言語活動です。「おはようございます」「田中です」「8月3日です」「500円です」「42才です」「名古屋です」「910号室です」などと言っていれば大

丈夫なわけです。

　中級になって「文」レベルのコントロールができるようになると、買い物や道案内、食事の注文、ホテルの予約、デートの約束、趣味について簡単に話す、日課について簡単に話す、などができるようになります。このレベルの言語活動の特徴は、相手が1つの文を投げかけてきたら、こちらも1つの文を投げ返す、ということです。ですから、まだかなり簡単な会話しかできず、たとえば、「デートの約束」と言っても、相手がすんなりOKしてくれるような場合は、中級の言語活動であると言えますが、なかなかOKしてくれない相手を、手を変え品を変えてOKさせる、などというのは上級レベルの言語活動になります。そういう場合は、おそらく、その場所に行くのがいかに楽しいか、などということを説明することになりますよね。こうなると、明らかに「段落」レベルの言語のコントロールが必要になってきますから、上級レベルの言語活動になってしまうというわけです。

　「段落」のコントロールができる上級になると、デートがいかに楽しいかというようなことを説明しながら、なかなかOKしてくれない相手をうまくデートに誘うことができるようになります。（相手がOKしてくれるかどうかはわかりませんが、少なくとも、そのような巧みな誘い方ができるようになります……）図1の「むずかしい！」のところに見られるような言語活動は、だいたい、どれも「段落」で話すことが必要であり、しかし、「複段落」で話す必要はないというような言語活動ではないかと思いますが、いかがでしょうか。

　「複段落」レベルの言語のコントロールができるようになると、「超むずかしい！」のところに位置する言語活動ができるようになります。ここにあるのは、だいたい、「意見を裏付ける」ものか、「スピーチスタイルを変える」ものかのどちらかです。(2)の最後のところでも書きましたが、意見を裏付けたり、スピーチスタイルを変えたりというのは、「複段落」レベルの言語のコントロールが必要になるものです。それに、そもそも、これらは、どれもかなり難しそうですよね。このようなことが、たとえば英語でできるのだろうか、と自分自身に問いかけてみると、その難しさが実感できるのではないかと思います。

第1部　理論

第8章　レベル判定のコツ

被験者と1対1で向き合い、長い場合には30分近くも時間をかけるのが、正式なOPIなのですが、わざわざ正式なOPIをしなくても、授業中の学習者の発話を聞いていれば、だいたいのレベルはわかります。学習者の発話からだいたいのレベルを推測するコツを体得してください。

(1) テキストの型を利用する

　もしみなさんが授業中に、授業をしながら学習者の発話能力を知りたいと思ったら、次のA〜Dのどれに注目すると、能力の判定が最も楽にできると思いますか。もちろん、授業というのは、能力を測定するためにわざわざ行なうようなものではなく、ごく普通の毎日の授業のことです。ごく普通にいつもどおり授業を行ないつつ、同時に学習者の発話能力も測定したい、と思った時にどうすればいいのか、ということです。さて、いかがでしょうか。

A. 流暢に話せる。
B. 正確に話せる。
C. いろいろな話題について話せる。
D. いろいろな場面で話せる。

これら4つは、どれも、「総合的タスク／機能」「場面・話題」「正確さ」「テキストの型」というOPIの評価基準の中の、どこかに取り入れられているものです。AとBは、「正確さ」の中の下位項目になっているものですし、CとDは、まさに「場面・話題」で扱われるものです。正式なOPIを行なう場合は、4つの評価基準のすべてを考慮に入れて判定を行なうわけですから、上記のA〜Dの指標は、必然的に、すべて考慮に入れられることになります。

しかし、授業中に、教えるという作業をしながら、これらA～Dの指標で学習者の発話能力を測定するのは、かなり難しいかもしれません。まず、CかDの指標で測定しようと思うと、いくつかの話題について話させるか、いろいろな場面で話させるか、というようなことをしなければいけません。1対1でする正式なOPIでなら、いろいろ話題を変えたり、ロールプレイを行なうことによって場面を変えたり、ということが可能ですが、普通にいつもどおりの授業をしながらそんなことをすることはできませんよね。

　CDよりは、AかBの方が、おそらく手軽に判定できるだろうと思います。特に、ある2人の学習者の優劣を決定することは、それほど難しくないだろうと思います。しかし、AかBの観点から、つまり、「正確さ」あるいは「流暢さ」という観点から、それぞれの学習者が「初級―下」から「超級」までのいずれであるか、ということを決定しなければならないとなると、これはちょっと難しくなってくるのではないかと思います。

　前章で、「テキストの型」についてお話ししましたが、私が、ここで提案したいのは、「テキストの型」を基準にして考えるということです。つまり、「単語」でしか話すことができないのなら初級、「文」で話すことができるのなら中級、「段落」で話すことができるなら上級、「複段落」で話すことができるなら超級、というような指標で考えるということです。正式なOPIの場合には、「テキストの型」という指標は、あくまでも4分の1の重みしか持たないのですが、外国人の発話をただ何となく聞いていて、その発話能力を判定したいと思う時には、「テキストの型」が最も威力を発揮します。

　また、「テキストの型」という指標は、まったく知らない外国語の能力を判定する際にも、使用することが可能だと思います。みなさんがまったく知らない外国語を誰かが話しているというような状況を、思い浮かべてみてください。たとえば、ゾンカ語（ブータンの国語）にしましょうか。誰かがゾンカ語を話している時、我々がゾンカ語のことをまったく知らなかったとしても、その人が、だいたい「単語」で話しているのか、「文」で話しているのか、それとも、「段落」や「複段落」で話しているのか、ということは、何となくわかるのではないかと思

います。

(2) 中級であるか否かを見極めるポイント

　では次に、「テキストの型」を用いて発話能力を判定する際のポイントについて説明していきます。まず最初に、中級であるか否かを見極めるためのポイントについてです。

　中級であるかどうかの基準は、「文」で話すということができているかどうかです。前章の（1）のA～Dで、「初級─中」と「初級─上」と「中級─下」の学習者の発話を見ていただきましたので、何となくイメージをつかむことができたのではないかと思いますが、いかがでしょうか。Dのような発話がある程度コンスタントにできているのなら、その学習者は「中級─下」以上であると言えます。

　また、ただ形式上、「文」が言えているか、ということだけでなく、会話のキャッチボールがある程度うまくいっているということも、中級であるための重要な要素です。具体的な例を示したいと思います。まずは、会話のキャッチボールがうまくいっていない例です。（Tは教師で、Sは学習者。以下同様。）

　　T：今朝何時に起きましたか？
　　S：6時半です。
　　T：朝ごはんは何を食べましたか？
　　S：パンとミルクです。
　　T：いつも新聞は読みますか？
　　S：読みません。

　学習者の方は、いちおう「文」で答えてはいるのですが、必要最低限のことしか言っていないため、何となく会話のキャッチボールがうまくいっていないような感じがします。相手からのボールをきちんと受け取ってはいるのですが、投げ返していない、というように感じられます。こういう学習者は、「中級─下」ではなくて「初級─上」です。

次は、会話のキャッチボールがうまくいっている例です。

T：今朝何時に起きましたか？
S：6時半です。ちょっと眠いです。
T：朝ごはんは何を食べましたか？
S：パンとミルクだけです。
T：いつも新聞は読みますか？
S：日本語がわかりませんから、読みません。

いかがですか。先ほどの例と比べると、ボールをしっかり投げ返している、という感じがしませんか？　仕方なく話させられている、という感じではなく、ある程度、自発的に話しているように感じられるのではないかと思います。このような学習者は「中級―下」です。

(3) 上級であるか否かを見極めるポイント

次は、上級であるか否かを見極めるためのポイントです。具体例を先に示します。今度のは、私の作例ではなく、実際のOPIにおける学習者の会話例です。

T：日本の、そういう洋服を売っているような店と中国の店は違いますか？
S：ええ、今は、中国、スーパーマーケット、もー、少しだけ、少ないです、普通のー、このー、うれ、人、いっぱい、このー中に、日本のスーパーは全部、このー、売り場、で、一緒に、金、あらいます、自分は、箱、えー好きのもの箱に入れて、あどー、最後、金は、払います、中国は、なんでも、ひとつ、買う時、金を、払います、はい、そん、そのことーところは、もいいです、でもいふ今、スーパーマーケットー、もー、だんだんに、多くなりました、うん、瀋陽も、ありました。

この学習者は、かなり長く話すことができています。ですから、「段落」で話すことができている、と言ってもいいのかもしれませんが、ここで考えなければいけないことは「段落」の質です。つまり、発話がきちんとまとまっていて、し

っかり文がつながっているという「結束性」が感じられるのか、それとも、あまりきちんと発話がまとまっておらず、「羅列連文」的になっているのか、ということです。この被験者の発話の「結束性」は、今ひとつではないかと思います。ですから、判定は、「中級―中」か、よくて「中級―上」です。

　一方、次の学習者の発話は、かなりしっかりした「結束性」があり、したがって「上級―下」であると言っても問題はないだろうと思います。

T：その留学生のための新しいシステムって、たとえばどういうのなんですか。
S：あ、たとえば、あの、学費は、40％、引きます、ええ、ですから、あの、普通の日本人の学生は、年間、えー100万くらい、払うわけですが、あの、私たちは、留学生の場合は、あの、だいたい47万ぐらい、払うんですね。
T：はあ、安いですね。
S：安いでしょう、本当に、あの、前、東京で、日本語学校で勉強していた時、あの、年間は、50万かかりましたね、今あの、日本語学校よりよっぽど安いですね、あとは、あの寮の家賃は、あの、一人部屋で、月は6000円です、はい、部屋の中の電気代だけ、あの、我々は自分で払いますが、あの、共同の電気とか、あとは、あの、台所のガスとか、水道とか、全部学校から、払ってもらう、本当にいい条件ですよね、私立大学で、あのたぶん、日本全国でうちの大学は、留学生の、条件はとてもいいと思いますね、あの、生活の環境もいいし、うん。

（4）超級であるか否かを見極めるポイント

　最後に、超級であるか否かを見極めるためのポイントについてです。超級は、「複段落」が言えるわけですから、かなり長く話すことができます。しかし、ただ長く話すだけではなく、「複段落」としてのメリハリがあるかどうか、というところがチェックポイントです。具体的には、たとえば意見を述べる場合、論拠がはっきりしているか、結論があるか、多面的に論じているか、などということ

をチェックします。では、超級話者の実際の発話例をご覧ください。

T：最近あのー小さい子供がね、ファミコンを、よくやるというんだけどー、あのーいい影響があるのか悪い影響があるのか、まあ小学生ぐらいの子供と考えて、ちょっとSさんの意見聞かしてほしいんだけど。

S：ええっとーまあそれもーそれなり、そのゲームーによりますけれども、んーまあ、あまりにも空想的な話だったら、やっぱー、なんて言うんですか、そのー、ゲームソフト内、だけの、想像力で、その子どもの想像力は、なんかなくなってしまうというか、そのゲームーだけでもうすべてを考えてしまう、で、まあ戦争ーもんとかもあるんですけれどそういうのも見たらもう簡単に敵を、殺してしまうとかつぶしてしまうというのが多いんでそういう面ではね、けっこう、危ない考えかもしらないな、しれないなと思うんですけれども、そうじゃなくてなんかたとえばーゲームでもいろんなーも、ものがあってまあ、アクションとかシューティングが多いんですけれどもー都市を作っていくっという、シムシティとか、あるんですけど。

T：シムシティっていうのは。

S：ええ、シムシティというとあのソフトの名前なんですけども、都市を作っていく、で都市を作るにはたとえばー何がほしいん、あ何がいるのかといった発電所ーとか港とか空港とか学校とか病院とか、そういうふうにー、作っていってまだ、あーの犯罪が発生したらその犯罪をどう打開すればいいんか、警察署を持ってくっていう、そういう建設的なゲームやったらけっこう、ねえいいと思うんですけれども、だからけっこうシュミレーションゲームでも、戦争もんじゃなくてそういう、なんていうんですか、ゲーム形式をとってー学習させるような、ものが、増えてきたらけっこういいとは思うんですけど。

　論拠も結論も聞いていて理解でき、また、ある程度多面的にも論じているように感じられるのではないかと思います。「なるほど、確かにそうだ！」と聞いて

いて納得できるのではないでしょうか。超級であることの条件は「複段落」で話すということなんですが、本当にうまく「複段落」で話すことができると、聞いている人に、「なるほど！」と思わせるような説得力が出てくるのではないかと思います。
　上級のポイントは「段落」で話すということでしたが、本当にうまく「段落」で話すことができると、「明快でわかりやすい」という印象を与えることができるのではないかと思います。また、中級のポイントは「文」で話すことができるということでしたが、本当にうまく「文」で話すことができると、相手に「話が弾んでいる」という印象を与えることができるのではないかと思います。

column

一夜漬けの効果

　日本語教育能力検定試験というテストがありますよね。私も15年ほど前に受験し、その時は、かろうじて？　合格しました。では、今もう1度受験して合格できるのか、と聞かれたら、正直に言ってあまり自信はありません。（スミマセン……）しかし、2〜3ヶ月準備して受験すれば、おそらく合格できるのではないかと思います。つまり、ある程度は準備が効くテストだということです。

　テストには、中学や高校の中間試験や期末試験のように、一夜漬けが功を奏し得るテストと、OPIのように、一夜漬けがまったく効果を示さないテストがあります。前者はachievement testと呼ばれ、後者はproficiency testと呼ばれています。両者の違いは、試験範囲があるかないかということです。中間試験や期末試験の前には、先生が必ず試験範囲を発表しますが、OPIには試験範囲の発表はなく、ただ、「……ということができれば超級である」というような評価基準があるだけです。日本語教育能力検定試験には、いちおう試験範囲がありますが、その範囲は非常に広く、とても短期間でカバーできるようなものではありません。ですから、proficiency test的な側面も、achievement test的な側面もどちらも備えていると言えます。

　proficiencyとachievementは、相反する概念ではあるのですが、両者の間には連続性も見られます。たとえば、初級テキストの課ごとのテストは、一夜漬けの効くachievement testだと考えられますが、これを繰り返していくとproficiencyが向上します。一夜漬けは、翌日の試験に効くだけでなく、それを繰り返せば、根本的な能力の向上にもつながります。確実にproficiencyの向上につながる良質のachievement testをたくさん作っていくことは、日本語教師に課せられた重要な課題の1つだと思います。

第1部 理論

第9章　OPI的日本語教師

どうしたらもっといい授業ができるようになるのか、どうしたらもっと学習者の能力を伸ばすことができるようになるのか。OPIには、学習者の能力を伸ばすためのヒントが、たくさん隠されています。みなさん、OPIのことをもっと深く知ってください！

　今、このページを読んでくださっているみなさんは、すでに日本語を教えていらっしゃる方か、これから日本語教師になろうと考えていらっしゃる方か、そのどちらかだと思います。しかし、そのどちらであっても、学習者の能力を効果的に伸ばせるようないい教師になりたいという気持ちがあることには、変わりはないですよね。では、どうすれば、学習者の能力を効果的に伸ばせるような、いい教師になることができるのでしょうか。

　その答えの1つが、「OPIのテスターになること」です。OPIのワークショップを受講し、「いいテスター」になるための努力を続けていけば、誰でも、自然に「いい日本語教師」になっていきます。日本語教師がOPIテスターになると、いろいろいいことがあります。本書の第1部のまとめとして、日本語教師がOPIテスターになることの利点を、いくつか挙げてみたいと思います。

（1）学習者の能力が測定できる

　当たり前のことですが、OPIテスターになると、学習者の発話能力が測定できるようになります。クラスにいる学習者が全員同じレベルであるなら、教師が学習者の能力をいちいち測定する必要はないかもしれませんが、しかし、現実はそうではありませんよね。学習者の能力に、ある程度ばらつきがあるというのが、ごく普通の日本語クラスです。ですから、学習者の能力を測定し、それぞれの学

習者に適した対応ができるということは、教師にとっては、必要不可欠なことです。

「学習者の能力にばらつきがあるのが、ごく普通の日本語クラスだ」と書きましたが、これは非常に重要なことだと思います。私自身の個人的な経験談で恐縮なのですが、これまで、15年近く日本語教師をしてきて、クラスにいる学習者の日本語レベルが全員見事に同じだった、などということは、1度もありませんでした。日本語教師になったばかりの頃は、「レベルの違う学習者がいるから、やりにくくて嫌だな～」と思い、クラス分けを行なった主任の先生に対して恨みがましい気持ちを持ったりもしましたが、しかし、ある時、ふと、「能力差のないクラスなどというものは、あり得ない。能力差のある学習者に同時に対応することが、我々日本語教師の仕事なのだ！」と思い、それからは、学習者の能力差のことで文句を言うのは、絶対にやめました。

そもそも、能力というものは、ばらつくものなのです。もちろん、コースの最初にきちんとプレースメントを行なうことは、非常に重要なことだと思いますが、しかし、どれだけきちんとプレースメントを行なったとしても、クラス内の学習者の能力のばらつきは、必ず生じるだろうと思います。つまるところ、それが人間だ、ということなのかもしれません。全員が同じだというようなことは、あり得ないのです。

ですから、「学習者の能力差に対応することは、本来の日本語教師の仕事なのだ」という教育観を持つことと、実際に能力差に対応できる教育能力を持つことは、どちらも、日本語教師にとって必須のことだろうと思います。

（2）日本語教師らしくなくなる

少し奇妙に聞こえるかもしれませんが、実は、あまり教師らしくない教師の方がいい日本語教師なのではないかと思います。もう少し正確に言うと、「頭の中は完全に日本語教師だが、実際の言語行動はまったく普通の日本人」という人が、いい日本語教師だということです。

日本語教師を1年もしていると、話し方や外国人との接し方が、かなり「日本

語教師っぽく」なってきます。たとえば、学習者の知っている文型だけで話そうとして、少し不自然な日本語になったり、学習者の言っていることがかなりわかりにくくてもわかってあげたり、あるいは、学習者が言葉に詰まってしまったら、その言葉を教えてあげたり、というようなことです。

　このようなことが「できる」ことは非常にいいことだと思いますが、しかし、教師がいつもこのような態度をとっていると、学習者は教師に依存した言語活動を行なうようになり、その結果、能力の伸びが「中級―中」か「中級―上」ぐらいで止まってしまうことになります。必ず理解できる言葉で話してくれ、また、困っても助けてくれるから、ある程度以上、伸びなくなってしまうのです。これでは困りますよね。

　OPIのインタビューでは、テスターは、「普通の日本人のように」被験者と接することが要求されます。そうでないと、つまり、いかにも「優しい日本語の先生」という感じで、被験者の不正確な発話を理解してあげたり、つまずきそうになったところで助け舟を出してあげたりしていると、どこで言語的挫折を起こしたのかがわからなくなり、結局、その被験者の能力を測定することができなくなってしまうからです。

　ですから、熟練したOPIテスターなら、誰でも「頭の中は完全に日本語教師だが、実際の言語行動はまったく普通の日本人」というように振舞うことができるはずです。授業でも、教師がこのように振舞うことによって、（特に中級以上の）学習者の言語的挫折を見逃さずに、さらに上のレベルへと伸ばしていくことができるようになるのではないかと思います。

(3) 文法を重視しすぎなくなる

　また、日本語教師には、「文法ばかりを気にする」という悪癖（？）もあります。たとえば、「あっ、テ形がうまく言えてなかった。あっ、また助詞を間違えた……。」などというようにです。これも、必ずしも悪いことではないと思うんですが、問題は、「普通の日本人」が、ある外国人と接した時に、その外国人に何を求めるか、ということです。「普通の日本人」は、テ形を正しく使ったり、

助詞を間違えずに言ったりすることよりも、「その話がわかるかどうか」ということを気にするのではないでしょうか。

　実は、OPIのテスターも、被験者の発話の文法的な正確さよりも、「被験者の話がわかるかどうか」ということを気にします。しかし、文法をまったく気にしていないわけではありません。OPIテスターも文法の不正確さを気にするのですが、ただ、無目的に、何でも気にするのではなく、コミュニケーションを阻害するような文法の不正確さのみを気にするのです。つまり、いくら文法を間違えても、コミュニケーションを阻害していないのであればOK、逆に、「普通の日本人」のような気持ちになって、少しでも話がわからないと感じたら、「話がわからなくなった」ということを、はっきりと被験者に伝えます。要するに、コミュニケーションを阻害するような文法の不正確さに対してだけ、厳しい態度をとるのです。（このことは、第6章で述べた、文法はタスクの遂行を支えるいくつかの要素の中の単なる1要素に過ぎない、ということと深く関わっています。）

　コミュニケーションを阻害している文法の不正確さのみを気にする、というのは、言ってみれば、まあ、当たり前のことだろうと思います。しかし、日本語教師は、往々にして、コミュニケーションを阻害している文法の不正確さに対して厳しい態度をとるのではなく、「自分が教えた文法項目の不正確さ」に対して厳しい態度をとります。

　OPIとは、その名のとおり、proficiency testなわけですから、被験者が過去にどのような日本語学習をしたかということはまったく問題にせず、日本語を使って「今ここで何ができるか」ということだけを問題にします。だから、「今ここでしようとしていること」を阻害するもののみを追及するのが原理であるし、4日間のワークショップとその後の1年間で、その原理を守るべくトレーニングを行ないます。だから、OPIのテスターには、「コミュニケーションを阻害する文法の不正確さのみを気にする」というような習慣が染み付いているのです。

（4）突き上げる習慣が身につく

　さらに、OPIテスターには、被験者の能力を限界まで出させる、という習慣が

第1部　理論

あります。いわゆる「突き上げ」です。OPIはテストですから、被験者の能力の限界を知る必要があるわけで、これができていないOPIは、「判定不能」という最悪の結果になってしまいます。

　学習者の能力を限界まで出させることは、授業においても、もちろん非常に大切なことだろうと思います。スポーツであれ、勉強であれ、能力の限界に挑戦することなしに、力がついていくことなど決してないと思いませんか？　しかし、日本語教師には「優しい先生」が多く、「学習者のわかる言葉だけで話してあげよう」というようなことも少なくないと思います。

　ナチュラル・アプローチの創始者であるスティーブン・クラッシェンが、「i＋1のインプット」、つまり、学習者の能力を「i」とすると、それよりも少しレベルの高いインプットが与えられた時に言語の習得が起こる、と述べていますが、OPIでは、突き上げという「i＋1のタスク」を、何度も被験者に与えているわけです。授業の時にも、OPIのインタビューのように、絶えず「i＋1のタスク」を与え続けることができれば、学習者の能力は、必ず伸びていくことだろうと思います。

(5) 教師としての教養や論理構成能力が身につく

　OPIの超級は、かなりネイティブに近いレベルだと言われています。以前のOPIマニュアルには、「超級とは教養のある日本人（educated native speaker）のレベルだ」と書いてありました。今では、このような記述はなくなってしまいましたが、しかし、その基本精神は、今でも生きています。ですから、超級レベルのインタビューでは、かなり専門的・抽象的な話題を扱います。たとえば「生産性の向上なしに賃上げを要求することはインフレにつながる可能性が高いが、その点についてどう思うか」というような話題です。

　そのため、テスターは、新聞のあらゆる面をしっかり読んで知識を身につけたり、現代社会に関する一般的な教養を磨いたりということを、普段から心がけて行なう必要があります。また、「教養のある日本人」とほぼ同レベルの超級話者と議論し、その能力を最大限に引き出すためには、かなり高度な論理構成能力も

必要とされます。

　OPIテスターになるためのトレーニングをする人は、誰でも一度は、「自分には、日本人としての教養、人と議論するための論理構成能力が本当にあるのだろうか」と、悩むだろうと思います。しかし、何とかそれを乗り越えて、テスターになっていくのです。「上級の授業がなかなかうまくいかない」というような声を時々聞くことがありますが、教師自身の教養や、議論を展開する能力に問題がある場合もあるのではないかと思います。OPIのテスター全員が、そのような壁を乗り越えているとは言えないかもしれませんが、いいテスターになるためには、このようなことが要求されますし、それはまた、いい教師になるための必須要素なのではないかと思います。

(6) OPI的な教授法が実践できる

　本書で述べたいと思っていることは、OPIの考え方や技術を会話教育にどのように生かすか、ということです。つまり、OPIというテストそのものを授業で利用するのではなく、いったんOPIを分解して、OPIを成り立たせている構成要素が何であるのかを考え、その構成要素を使って、日本語の授業を再構築してみようと考えるわけです。その構成要素とは、「話題」「場面」「テキストの型」や「突き上げ」「ウォームアップ」「トリプルパンチ」など、本書の各章で扱うそれぞれの項目のことです。

　OPIを分解して、その構成要素で授業を再構築するということは、「OPI的日本語教授法を構築する」ということにもつながります。OPI的日本語教授法というものは、現実にはまだ認知されているものではありません。しかし、将来、OPI的日本語教授法というものができたとしたら、それを使いこなせる教師は、やはり、OPIの技術を身につけた教師だろうと思います。

　本章で述べてきたことを一言でまとめると、いいインタビューをするコツといい授業をするコツは、実は、かなり似ている、つまり、「いいOPIテスターはいい日本語教師になれる！」ということです。みなさん、ぜひOPIの門をたたいてみてください。

column

合格か不合格か……

　日本語教育能力検定試験の合格率は約20％。しかし、合格に値する人だけを合格させたら、その率がたまたま20％になった、というわけではありません。上位20％だけを合格させ、残りを不合格にする、というような方針があるのだそうです。だから、すごく優秀な人ばかりが受験したとしても、そのうちの80％は不合格になってしまいます。つまり、この試験は、ある一定以上の成績を収めれば合格できるという資格試験ではなく、受験者集団の中の上位者のみが合格するという競争試験だということです。

　一方、日本語学習者が受験する日本語能力試験は、たとえば一級の場合は、280点以上が合格ということになっています。だから、優秀な学習者ばかりが受験したら全員が合格になる可能性があります。同じ「合格」でも、日本語教育能力検定試験と日本語能力試験とでは、その意味合いが全然違っているわけです。

　OPIも、競争試験ではなく、一種の資格試験であると言えます。たとえば、いくつかの専門的・抽象的な話題について裏づけのある意見を言うことができ、さらに、敬語も普通体での会話も難なくこなすことができれば、誰でも超級になれます。受験者全員がこの基準をクリアすれば、全員、超級です。OPIのいいところは、たとえば超級になった人には何ができるのかということ、つまり、合格した人にはどのような能力があるのかということが、はっきりわかるということです。

　それにしても、学習者全員の合格を願う日本語教師になるための試験が、人に勝たなければ合格できない競争試験だというのは、何とも因果な話ですよね。しかし、試験には、人を選別するという機能がある一方で、人を成長させるという側面もあります。受験者の成長を導くような試験が、本当の意味でのいい試験なのだと思います。

第2部　方法

第1部では、"OPIの考え方に基づいた日本語教授法"が依拠する「原理」について解説しました。第2部では、その「原理」から引き出される、具体的な「方法」を紹介します。OPIには、被験者の能力を最大限に引き出すための様々な方法があります。比較的簡単なものもありますが、テスター泣かせの高級テクニックもあります。これらの"技"を習得し、ぜひ、授業に取り入れてみてください。

第2部　方法

第10章　OPIの構成

OPIには、「ウォームアップ → レベルチェック → 突き上げ → ワインドダウン」という手順があります。被験者の能力を限界まで引き出すためには、このような手順を踏むことが必要なのです。授業でも、同様の手順を踏むことによって、学習者の能力を最大限に引き出すことができます。

(1) OPIの構成とは

　OPIの面白いところは、何回OPIを行なっても、まったく同じ内容のインタビューが絶対にない、というところだと思います。なぜ、まったく同じ内容のインタビューがないのかと言うと、(第4章でも書きましたが) OPIで扱われる話題は、テスターが前もって決めておくものではなく、テスターと被験者の会話の中で、何となく決まっていくものだからです。

　OPIには、この話題を扱わなければいけない、というようなルールは一切ありません。基本的に、何を話してもいいのです。そんないい加減なことでいいのか、と思う方がいらっしゃるかもしれませんが、むしろ、そこがポイントです。その時になってみなければ、どのような話題が扱われるかがわからないので、被験者は試験の準備をすることができません。だから、「今、ここで、日本語を用いて何ができるのか」という能力、つまり、proficiencyが測定できるのです。

　OPIで決まっているのは、インタビューの手順です。これは、「OPIの構成」と呼ばれているもので、具体的には、まず最初に、「ウォームアップ」があり、そして次に「レベルチェック」「突き上げ」へと進んでいき、最後に「ワインドダウン」を行なう、というものです。この章では、「ウォームアップ → レベルチェック → 突き上げ → ワインドダウン」という手順についてお話ししたいと思います。

(2) 突き上げとは

　「突き上げ (probe)」とは、被験者の発話能力の限界を探るために、被験者に対して質問をすることです。初級レベルの被験者だと思ったら中級の質問をし、中級レベルの被験者だと思ったら上級の質問をし、上級レベルの被験者だと思ったら超級の質問をする、それが「突き上げ」です。つまり、「突き上げ」とは、被験者が答えられないこと、できないことを確認するためのものです。

　OPIは、テストなのですから、被験者の能力の限界がどこなのかを知る必要があります。そのための手段が「突き上げ」だということです。したがって、「突き上げ」がうまくいかず、この被験者が答えられない質問はどういう質問なのか、この被験者は何ができないのか、ということを確認できないと、被験者の能力の上限がわからず、「unratable」、つまり、判定不能という結果になってしまいます。

　この「unratable」という言葉は、OPIテスターが最も嫌う言葉ではないかと思います。「unratable」になると、インタビュー自体をもう1度やり直さなければいけませんし、また、テスターの資格を取得する過程においては、さらに深刻です。「unratable」ではない、判定可能な発話サンプルを採取できるインタビューが、コンスタントにできるようにならないことには、OPIテスターの資格をACTFLからもらうことができません。だから、OPIのテスターたちは、常に、いかに「突き上げ」を行なうか、ということに細心の注意を払っています。

　日本語の先生は優しい人が多いせいか、学習者に、あまり難しいことをさせることがないのではないかと思います。初級では、特にその傾向が顕著で、教師は、学習者にとっての既知語、つまり、学習者が理解できる言葉だけで授業を構成しようと心がけます。

　しかし、それでは、学習者の日本語能力は伸びていかないだろうと思います。人間の能力は、少し無理をした時に伸びていくのではないでしょうか。だから、授業にも、「突き上げ」的な要素を取り入れて、学習者に少し無理をさせることが重要だと思います。

第2部　方法

　日本で暮らしている初級の学習者たちは、授業であまり無理なことをさせられなくても、日々の生活の中で、常に無理をさせられています。なぜ初級の学習者が中級になっていくのかというと、日本という国で暮らし、日々の生活で常に無理をさせられているからです。皮肉っぽく言えば、教師が行なう授業が効果的だから中級になるのではなく、日本語を使って生活するという環境の中で、常に「突き上げ」的な状況にさらされているから、自然に中級になる、ということです。その証拠に、海外で日本語教育を行なうと、そう簡単に、初級学習者を中級にすることはできません。

　また、中級以降の学習者たちは、日本で暮らしていても、日常生活において困ることがだんだん減ってきます。つまり「突き上げ」的な状況が減っていくのです。初級を通過して中級になっても、「中級―中」や「中級―上」で伸びが止まってしまう学習者が多いのは、そのせいです。教師が行なうにせよ、日常生活の中でいやおうなくさらされてしまうにせよ、言語の習得にとって決定的なのは、「突き上げ」的な状況があるか否かということなのです。

　小説やドラマには、必ず、その物語のクライマックスがありますが、OPIの「ウォームアップ → レベルチェック → 突き上げ → ワインドダウン」というストーリーの中でのクライマックスは、やはり「突き上げ」です。授業でも、同様に、「突き上げ」的なやや難しいタスクを中心に据えるべきだろうと思います。

(3) レベルチェックとは

　「レベルチェック」とは、「できることの確認」をするために、被験者に質問することです。「レベルチェック」は、「突き上げ」の前に行ないます。「突き上げ」では「できないことの確認」を行なうので、その前に、確実にできること、つまり、これ以下には絶対に下がらないという「能力の下限」を確かめておくわけです。

　「レベルチェック」には、「突き上げ」のような華やかさはないのですが、その代わり、「レベルチェック」での判定が、その被験者に対するOPIの最終判定になるという手堅さがあります。つまり、「レベルチェック」で「中級」のタスク

がいつも達成できることを確認し、「突き上げ」で「上級」のタスクは必ずしもいつもできるわけではないことを確認します。それによっては、この被験者の能力が、間違いなく「中級」だということがわかるのです。「中級」の中でのサブレベルは、「上級」のタスクがどのぐらいできたかによって決まります。大雑把に言えば、かなりできていれば「中級―上」、まあまあできていれば「中級―中」、ほとんどできていなければ「中級―下」ということになります。

つまり、「中級―下」であっても、「中級」のことは、ほぼパーフェクトにできるということです。また、「中級―上」というのは、「上級」のことがかなりできるのだけれど、たまにできないこともある、ということです。「レベルチェック」とは、「中級」だとか「上級」だとかという大きなレベルを決めるもの、そして、「突き上げ」とは、「中級」だとか「上級」だとかという大きなレベルの中のサブレベルを決めるもの、と言うこともできます。

「突き上げ」というのは、被験者にとって難しいと思える質問をすることなんですが、しかし、あまり難し過ぎる質問をしても意味がありません。「レベルチェック」によって「中級―下」以上であることが確認できた被験者に対して「上級」の「突き上げ」を行ない、同様に、「上級―下」以上であることが確認できた被験者に対して「超級」の「突き上げ」を行なうのが、正しい「突き上げ」です。「中級」であることが確定していない被験者に対して「上級」や「超級」の「突き上げ」をしても、まったく無駄に終わってしまうかもしれません。

授業においても、「突き上げ」的な、やや難しいタスクを与える前に、そのタスクの話題と同じ話題について簡単に話をさせるというような「レベルチェック」的なことをさせるのがいいだろうと思います。簡単に話をさせているだけのつもりでも、能力差のあるクラスの場合には、ある学習者には、それが非常に難しく感じられるかもしれません。そんな場合には、他の学習者にとっての「レベルチェック」が、その学習者にとっては「突き上げ」になってしまっているわけですから、その学習者に対しては、もうそれ以上難しいことはさせなくてもいいだろうと思います。

第2部　方法

(4) ウォームアップとは

　「ウォームアップ」とは、OPIというテストを行なうに際して、十分にリラックスしてもらうために、ごく簡単な質問を被験者に対して投げかけることです。また、OPIを行なう直前まで、被験者が日本語以外の言語で話していた可能性がありますから、単にリラックスしてもらうのみでなく、日本語で話すことに慣れさせる、母語モードから日本語モードに切り替えさせる、という意味もあります。

　「ウォームアップ」では、出身国や出身地、来日の時期や住んでいる場所などについての、ごく簡単な質問をします。どうして「出身国・出身地」「来日の時期」「住んでいる場所」を、ウォームアップで用いる話題の例として挙げたのかと言うと、これらは、初対面の人と話す時の最初の話題としてふさわしいからです。OPIは、初対面の被験者に対して行なうということを原則としています。ですから、ウォームアップの時の話題の選び方も、必然的に、初対面の人に対して持ち出す話題としておかしくないもの、ということになってきます。

　ところで、「初対面の被験者に対して行なう」というOPIの基本方針は、あまり便利なものではないですよね。この基本方針をかたくなに守ろうとすると、自分が教えている学生にはOPIができない、ということになってしまいます。これでは、せっかくOPIテスターになったとしても、あまりいいことはないですよね。これからの方向としては、よく知っている被験者に対してOPIを行なう時には、どのように「ウォームアップ」をすればいいのか、というような研究を進めていき、よく知っている被験者に対するOPIの方法を開発していくべきだと思います。また、それと同時に、授業の時にはどのような「ウォームアップ」を行なうと効果的なのか、という研究も、積極的に進めていく必要があるだろうと思います。

(5) ワインドダウンとは

　「ワインドダウン」とは、「突き上げ」で苦しめられた（？）被験者の精神状態

を元に戻すために、インタビューの最後に簡単な質問を行なうことです。苦しんでいる被験者に対して、どうして、また質問を行なうのか。それは、OPIでは、話すことによって気持ちが落ち着く、と考えているからです。だから、「ウォームアップ」でも「ワインドダウン」でも、とにかく被験者に話させるようにするわけです。ただし、発話能力を探るためではなく、ただ単に話をさせることが目的ですから、できるだけ答えやすい質問をする、つまり、非常に身近な話題の簡単な質問をするというのが、「ウォームアップ」と「ワインドダウン」の基本です。

　OPIの「ワインドダウン」は、実は、テスターにとってはまったく必要のないものです。「レベルチェック」と「突き上げ」は、被験者の能力の下限と上限を知るために絶対に必要ですし、また、最大限の能力を被験者に発揮させるためには、緊張をしっかり解きほぐす「ウォームアップ」は欠かせません。つまり、「ウォームアップ」「レベルチェック」「突き上げ」のうちのどれか1つが欠けても、「unratable（判定不能）」になってしまうということです。一方、「ワインドダウン」は、仮にまったく行なわなかったとしても、「unratable」にはなりません。だから、OPIでは、「ワインドダウン」は、つい軽んじられてしまいがちなのです。

　授業の終わりにも、やはり、OPIと同様、「ワインドダウン」を行なうべきだと思います。OPIは、いわば一期一会で、インタビューが終わってしまえば、もうそれきりなのですが、しかし、教室では、今日の授業が終わっても、翌日か翌週には、また授業があります。ですから、OPIのように、単に終息のために「ワインドダウン」を行なうのではなく、次回につなげていくような、積極的な「ワインドダウン」を行なう必要があります。

　OPIの「ウォームアップ → レベルチェック → 突き上げ → ワインドダウン」という手順を、授業の手順として焼き直すと、「前作業 → 主作業 → 後作業」というようになります。この「前作業 → 主作業 → 後作業」という授業の中身については、第18章以降で、少しずつ説明していきたいと思います。

第2部　方法

第11章　突き上げ（1）

「OPIの技の中で最もOPIらしいものは何か？」と聞かれたら、迷わず「突き上げ！」と答えます。「突き上げ」はOPIの象徴であり、「突き上げ」を授業に生かすことこそが、真にOPIを授業に生かすことであると言えます。授業とは、「突き上げ」を中心に構成されるものなのです。

（1）OPIにおける「突き上げ」

　ある学習者が、「私の日本語は『上級』だ！」と自分で言っているとします。この学習者にOPIを行なって、本当に「上級」であることを確かめたいと思いますが、その際に、どのような質問をする必要があると思いますか。次の4つのうちから選んでみてください。

　A.「初級」レベルの質問。たとえば、名前や現在の時刻などを聞く。
　B.「中級」レベルの質問。たとえば、家族構成などを聞く。
　C.「上級」レベルの質問。たとえば、好きな小説のストーリーを聞く。
　D.「超級」レベルの質問。たとえば、国連のあり方について意見を聞く。

　いかがですか。Cと答えた方が多かったのではないでしょうか。あるいは、Dだと思われた方もいらっしゃるかもしれませんね。しかし、正解は「CとD」です。ちょっと意地悪な質問だったかもしれませんが、CとDの2種類の質問をしなければ、ある被験者を「上級である」と判定することはできません。まず最初に、Cの質問をして「上級以上である」ことを確かめ、そして次に、Dの質問をして「超級でない」ことを確かめます。それによって「上級である」ことを確定するのです。OPIでは、前者のように、「あるレベル以上である」ことを確かめる質問をすることを「レベルチェック」と呼び、後者のように、「あるレベルで

ない」ことを確かめるための、やや難しい質問をすることを「突き上げ」と呼んでいます。

　勘のいい方は、「ああ、なるほど！」と思われたかもしれませんが、OPIのレベル判定は、被験者の話を聞いて、いきなりエイヤッと決めるのではなく、消去法で決めるわけです。Cの質問で「上級以上である」ことを確認することによって、「初級あるいは中級である」可能性を消し、次に、Dの質問で「超級である」可能性を消すわけです。そうすると、「上級」しか残っていません。なんとなく"有無を言わせない"という感じがしませんか。OPIでは、このようにして判定の信頼性を確保しているのです。

　第2章で、以下の図を示して、OPIの手順を説明しましたよね。ここで説明した「レベルチェック」と「突き上げ」が、この図の「タスク」にあたります。

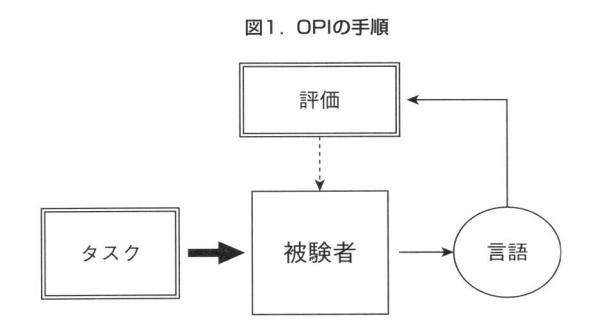

図1．OPIの手順

　「レベルチェック」にせよ、「突き上げ」にせよ、質問をするという形で被験者にタスクを与え、被験者がそれを遂行する際に発する「言語」に注目して、タスクのでき具合を評価するわけです。

　また、「レベルチェック」と「突き上げ」は、複数の話題で行なう必要があります。1つの話題でしか「レベルチェック」と「突き上げ」を行なわなかったとすると、たまたま、その話題が被験者の得意な話題だった時に、その被験者の能力が不当に高く評価されてしまうことになります。OPIでは、被験者の得意な話題を「おはこ（hothouse special）」と呼んでいますが、判定を行なう際には、被験者の「おはこ」におけるパフォーマンスを信じてしまわないようにしなければ

いけません。そのため、OPIでは、1つのインタビューの中で、3つか4つぐらいの話題を扱うことになっています。そうすると、ある1つの話題でだけ、非常に高いパフォーマンスを発揮したとしても、それは「おはこ」であるがゆえだ、と判断することができます。そして、そのような場合には、「おはこ」の話題におけるパフォーマンスは除いて、能力の判定を行ないます。

　テストにとって最も大切なものは、「信頼性」です。「レベルチェック」と「突き上げ」を併用して消去法的に能力判定を行なうのも、1つの話題だけでなく複数の話題を扱うのも、すべては、OPIのテストとしての信頼性を保つためなのです。

(2)「突き上げ」は悪者か？

　「組合からの突き上げが厳しくて、賃上げ要求を呑まざるを得なかった……」などと言われたりもするように、「突き上げ」という言葉には、あまり"穏当でない"ニュアンスがあるかもしれません。OPIでは、何も"穏当でない"ことをするわけではありませんが、しかし、自分の能力以上のことをさせられるわけですから、「突き上げ」は、被験者にとってはかなり苦しいものではないかと思います。

　また、OPIのワークショップを受講された方の中には、「突き上げは被験者がかわいそうだから嫌だ」と思われる方もいらっしゃるようです。私は、トレーナーとしてOPIテスターの養成にも関わっていますが、「突き上げが不十分である」「突き上げが弱い」というのが、初心者テスターのインタビューで最もよく見られる問題点です。

　OPIでは、被験者の能力の上限を知るために、「突き上げ」はどうしても行なわなければならないものです。「突き上げ」は、ある意味、レベル判定のための"必要悪"なのかもしれませんが、しかし、日本語のクラスにおいては、学習者の能力を伸ばしていくための"特効薬"になり得るものだと思います。

（3）教育における「突き上げ」の必要性

　海外で日本語教育を行なう場合にはもっと深刻かもしれませんが、日本国内で行なう場合でも、「中級—中」あるいは「中級—上」ぐらいで学習者の伸びが止まってしまい、なかなか上級に到達しない、ということがよくあります。私自身のテスターとしての経験から言っても、これまでに最も多く出会ってきたのが中級の被験者です。つまり、中級レベルで足踏みをしている学習者が最も多い、ということです。

　なぜ「中級—中」もしくは「中級—上」ぐらいで学習者の伸びが止まってしまうのかというと、そのぐらいのレベルになると、日常生活において、あまり困ることがなくなってくるからです。OPIでは、中級は「最低限必要な身の回りのことが日本語でできる」レベルであり、一方、上級は「予期していなかった複雑な状況にも日本語で対応できる」レベルであるとされています。つまり、「中級—中」「中級—上」ぐらいの学習者は、「最低限必要な身の回りのこと」は十分にでき、「予期していなかった複雑な状況」にも、上級話者のように円滑にではないにせよ、そこそこ対応できるということです。そのため、「中級—中」「中級—上」の学習者は、「さらに日本語を上達させなければいけない！」という差し迫った必要性をあまり感じないのではないかと考えられます。また、仮に差し迫った必要性を感じたとしても、「予期していなかった複雑な状況」などというのは、そう頻繁に出現するわけではないですよね。（頻繁に出現しないからこそ「予期できない」んです……）だから、「予期できない」状況に出会う機会、すなわち、「予期できない」状況を乗り切るための練習を日常生活において行なう機会そのものが、あまり得られないということになります。

　このような傾向は、上級や超級になると、さらに強くなるものと思われます。逆に、初級の学習者は、「最低限必要な身の回りのこと」も十分にできないわけですから、特に日本で暮らしていれば、日々「何とかしなければ！」と強く感じさせられているはずです。つまり、毎日、天然の（？）突き上げにさらされているわけです。

以上の内容をまとめると、初級の学習者はただ日本で生活しているだけでも日々「突き上げ」的な状況に遭遇するが、中級の学習者は「突き上げ」的な状況に遭遇する機会がそれほど多くなく、上級、超級へと進むにつれて、そのような機会はますます少なくなる、ということになります。

教室活動においては、当然のことながら、これらを補完していく必要があるものと思われます。要するに、学習者の能力レベルが上がるにつれて日常生活で遭遇する可能性の少なくなるであろう「突き上げ」的な状況を、教師が教室内で作り出していく必要があるということです。

(4) タスク先行型の教え方

そこで、教師が教室の中で「突き上げ」的な状況を作る方法として、「タスク先行型」の教え方を提案したいと思います。「タスク先行型」の教え方とは、文法や表現を教える前に、まず、タスクを学習者に与える、という教え方です。まず最初にタスクを与える、という考え方は、まさに、OPIの考え方や手順に由来するものです。

先ほどの図1は、「OPIの手順」を図式化したものでしたが、次の図2は、「OPI的な会話授業の手順」を図式化したものです。(この図2も、先ほどの図1と同様、第2章で示したものとまったく同じものです。)

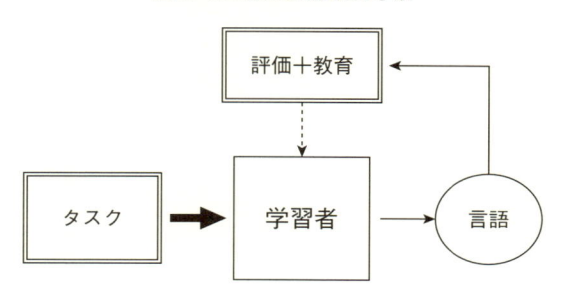

図2. OPI的な会話授業の手順

[図: タスク → 学習者 → 言語、評価＋教育へのフィードバックループ]

図1で示したように、OPIでは、「突き上げ」や「レベルチェック」というタ

スクを被験者に与えて能力を測定していきます。会話教育においても、これとまったく同じように、まず最初にタスクを与えるわけです。また、この時に与えるタスクは、少し難しめのものにすべきです。なぜなら、(3)でも書いたように、OPIで言う「突き上げ」こそが、つまり、少し難しめのタスクこそが、学習者の能力を伸ばすものだと考えられるからです。

　少し難しめのタスクを学習者に課すと、だいたいはうまく遂行でき、しかし、ところどころで、うまく話せなくなってしまいます。第13章の「言語的挫折」のところで詳しく説明しますが、その「うまく話せなくなってしまう」というところがポイントです。その「うまく話せなくなってしまった」ところで、使用するとうまくタスクが遂行できたであろう文型や表現を導入するのです。

　本来のOPIでは、「うまく話せなくなってしまった」時に、たとえば「この被験者は上級のタスクがまったくできないから『中級―下』なんだ」というような「評価」を行なうわけですが、逆に、会話の授業においては、「うまく話せなくなってしまった」ことを教育上のチャンスであると考え、そこで、「評価」すると同時に「教育」を行ないます。つまり、挫折や失敗はチャンスだと考えるわけです。

　なぜ文型や表現を教えてからタスクを課すのではなく、初めにタスクを課すのかというと、その方が、本来の「話す」という活動のあり方に近いからです。「話す」活動というのは、準備しておいた文型や表現を口から出すことではなく、自分が置かれている状況から話すべきことを瞬時に判断し、瞬時に実行することです。「話す」活動というのは、いわば「出たとこ勝負」であり、したがって、教室でも、「出たとこ勝負」の機会をどんどん与えていく必要があるだろうと思います。

　普通は、まず文型や表現を教え、その後で、それらを使用するための練習としてタスクを与えますよね。その逆を行なうわけですから、ちょっと変だと思われるかもしれませんね。しかし、それが「タスク先行型」の教え方であり、話す活動の特徴を考慮した、最も効果的な会話授業のあり方だろうと思います。

第2部　方法

第12章　突き上げ（2）

前章では、「突き上げ」とは何か、会話教育においてなぜ「突き上げ」が必要なのか、というお話をしました。この章では、「突き上げ」を実際に行なう方法・コツについてお話しします。OPIのマニュアルに書いてない"プロの技"も伝授します。「突き上げ」のプロを目指してください！

(1)「突き上げ」の難易度

次のA～Dの質問を、一番簡単なものから一番難しいものまで、順番に並べてみてください。

A. どうして朝ごはんを食べなかったんですか。
B. 昼ごはんを食べましたか。
C. インスタントラーメンと店で食べるラーメンはどう違いますか。
D. インスタント食品が日本人の生活の中に入り込んでいることについて、どう思いますか。

正解は、B→A→C→Dです。OPIでは、Bは初級話者でも答えられる質問、Aは中級話者なら答えられる質問、CとDは、それぞれ上級と超級の話者なら答えられる質問である、というように考えられています。

ABCDのそれぞれの質問が「突き上げ」であるのか「レベルチェック」であるのかということは、被験者のレベルによって決まります。たとえば、Aの質問は、初級話者にとっては、能力の限界を探るための「突き上げ」になりますが、中級話者にとっては、できることを確認するための「レベルチェック」にしかなりません。同様に、Cの質問は、中級話者にとっては、能力の限界を探るための「突き上げ」になりますが、上級話者にとっては、できることを確認するための

「レベルチェック」にしかなりません。

　つまり、ある質問が「突き上げ」であるのか「レベルチェック」であるのかは、相対的なことだということです。同じ上級レベルの質問でも、中級話者に対して行なえば「突き上げ」になりますし、上級話者に対して行なえば「レベルチェック」になります。だから、授業においても、中級クラスにおいては上級レベルのタスクを与え、上級クラスにおいては超級のタスクを与える、というようにしなければ、「突き上げ」的な授業を行なったことにはなりません。

　授業の時には、初級クラスでは中級レベルの質問をどんどんしていき、中級クラスでは上級の質問、上級のクラスでは超級の質問を、それぞれしていけばいいわけです。そうすると、授業全体が「突き上げ」的なものになっていきます。

（2）初級クラスで行なうべき質問（中級の質問）

　中級の質問のポイントは、身近なことを根掘り葉掘り聞く、ということです。非常に好奇心をそそられる初対面の人に対して、本人のこと、身の回りのことをどんどん聞いていくような感じです。例えて言えば、お見合いの時に、バッチリ好みのタイプの人が現れた、というような状況でしょうか。

　また、初級学習者は、「文」が言えるかどうかが怪しいようなレベルですから、答えが返ってくるまでしっかり待つ、文を言い終わるまでしっかり待つ、ということが大切です。そうでなければ、学習者の能力が伸びていきませんし、OPIでも正確な測定はできません。さらに、十分に待つ一方で、職務質問のように、質問→答え、質問→答え、というようになってしまうのではなく、できるかぎり言葉のキャッチボールがスムーズにいくようにも心がける必要があります。

　質問の形式は、Wh疑問文です。つまり、「いつ」「どこ」「だれ」「何」「どう」「どうして」「どんな」「どうやって」などが使われている疑問文です。いい例をいくつか挙げます。

・いつ日本に来たんですか。／国はどこですか。／何で来たんですか。／何時間かかりましたか。／飛行機代はいくらですか。

- 趣味は何ですか。／いつもどこでテニスをするんですか。／誰とするんですか。／いつテニスを始めたんですか。
- 昨日は、1日、何をしたんですか。／どうして、夜ではなくて、朝シャワーを浴びるんですか。

次に、悪い例を挙げます。

- スポーツは好きですか。／野球は好きですか。／日本の野球は好きですか。／よくテレビで野球を見ますか。／イチロー選手を知っていますか。

なぜ悪いのかというと、Wh疑問文ではなく、Yes-No疑問文を使っているからです。Wh疑問文で問いかけると、普通、相手は「文」で答えますが、Yes-No疑問文だと「はい」「いいえ」というような「単語」でしか答えません。これでは、能力の測定はできませんし、初級学習者の能力を伸ばすこともできません。

しかし、Yes-No疑問文にも使い道はあります。Wh疑問文ばかりだと警察の職務質問みたいになってしまうので、以下のように、Wh疑問文とYes-No疑問文を交互に使うようにすると、職務質問のような感じはほとんどなくなります。

- いつ日本に来たんですか。(Wh)／日本は初めてですか。(Yes-No)／どうですか、日本は。(Wh)／どこか旅行に行きましたか。(Yes-No)／どこに行ったんですか。(Wh)
- 昼ごはんは食べましたか。(Yes-No)／どこで食べたんですか。(Wh)／おいしかったですか。(Yes-No)／何を食べたんですか。(Wh)

このように、できるだけ自然な形でWh疑問文を投げかけていけばいいわけなんですが、その際、注意すべきことは、難しくなりすぎないようにするということです。というのは、Wh疑問文でも、答えがかなり難しくなってしまうものがあるからです。たとえば、以下のような質問です。

- 家からここまでどうやって来たんですか。
- クリケットってどんなスポーツですか。

これらは、Wh疑問文ですが、答えが「文」にはならず、「段落」になってしまう可能性が高いです。つまり、これらは、中級レベルではなく、上級レベルの質問だということです。実際に答えを予測してみると、本当に中級の質問としてふさわしいかどうかということが、よくわかるのではないかと思います。

（3）中級クラスで行なうべき質問（上級の質問）

　上級の質問のポイントは、説明させる、描写させる、ストーリーテリングをさせる、長く詳しく話させる、ということです。質問の形式としては、「～てもらえませんか。」などの依頼表現をよく用います。以下が、その例です。

- モンゴル相撲について教えてもらえませんか。
- キムチチゲの作り方を説明してもらえませんか。
- 「ローマの休日」って、どんな映画なんですか。ストーリーを教えてください。
- 2人がどうやって知り合ったのか、詳しく話してもらえませんか。

　そして、単発の質問で終わらせずに、追い討ちをかけるようにして、さらに詳しく話させたり、わからない言葉があったら聞き返したりすることも、大切なことです。たとえば、以下のようにです。

- ～について、もっと詳しく話してください。
- slugって何ですか。
- 国際キョウリュウ？　国際はわかりますが、キョウリュウって何ですか？

　また、これはOPIのマニュアルには書いてないことなんですが、話題の「詳細性」を高めるということも、非常に重要なことです。たとえば、「北海道旅行」全般について話すより、「函館の朝市」や「函館の夜景」など、その中のある部分に話題を絞った方が、質問が難しくなり、上級の質問として、よりふさわしいものになります。

易：夏休みの北海道旅行について話してもらえませんか。
難：函館の朝市について話してもらえませんか。
難：函館の夜景が普通の夜景とどう違うのか、教えてもらえませんか。

同様に、「食べ物」全般について話すよりも、「餃子」について話す方が難しくなります。

易：中国の食べ物と日本の食べ物がどう違うか、教えてください。
難：中国の餃子と日本の餃子がどう違うか、教えてください。

（4）上級クラスで行なうべき質問（超級の質問）

　超級の質問のポイントは、「～についてどう思いますか。あなたの意見を聞かせてください。」などというようにして、意見を聞くということです。また、ただ意見を聞くだけでなく、相手が意見を言ったら、必ず反論するということも重要です。その際、前置き型の質問を使うと、テスターの発話も超級っぽくなり、非常に効果的です。以下が、その例です。

・組合がもっと賃上げを要求すべきだとおっしゃいましたが、多くの会社が安易に賃上げに応じると、結局インフレを招くことになってしまうんじゃないですか。
・核兵器の開発をやめた方がいいとおっしゃいましたが、もし、そのとおりにしたとすると、戦争が起きた時に、それを止める力がなくなってしまうのではないですか。

　また、これはマニュアルにもはっきりとは書いてないことなんですが、話題の「抽象性」「一般性」を高めるということも、非常に重要なことです。まず、「抽象性」ということについてですが、たとえば、「祭りを行なう手順」という具体的な話題よりも、「祭りの意義」という抽象的な話題について話す方が、ぐっと難しくなります。

易：祭りを行なう手順を話してください。
難：祭りの意義について話してください。

また、「祭り」そのものについて話すよりも、「祭りを行なうこと」について話す方が難しくなります。

易：祭りについてどう思いますか。
難：祭りを行なうことについてどう思いますか。

次に、「一般性」ということについてですが、「あなたの朝食」という個人的な話題よりも、「日本人の朝食」という一般的・社会的な話題について話す方が難しくなります。

易：健康な生活のために、あなたの朝ご飯をどのように変えたらいいと思いますか、意見を聞かせてください。
難：健康な生活のために、日本人の朝ご飯をどのように変えたらいいと思いますか、意見を聞かせてください。

同様に、「消費税導入のあなた個人への影響」という個人的な話題よりも、「消費税導入の日本社会への影響」という一般的・社会的な話題について話す方が難しくなります。

易：消費税が導入されたことによって、あなたの生活はどのように変わりましたか。
難：消費税が導入されたことによって、日本社会はどのように変わりましたか。

「抽象性」「一般性」の低い質問は、超級の質問として機能しませんから、授業でもOPIでも注意が必要です。

第2部　方法

第13章　言語的挫折

人生に「挫折」はつきものです。しかし、その「挫折」をバネにするのか、そこでへこたれてしまうかは、その人次第です。この本で提案する「タスク先行型」の教え方は、コミュニケーションにおける「挫折」を利用した教え方です。挫折しないで最後まで読んでくださいね！

（1）「突き上げ」と「言語的挫折」

　この章も、クイズから始めたいと思います。次のうちで、日本語学習者が最も"難しい"と感じる質問はどれでしょうか。

A. あなたはどんなスポーツが好きですか。
B. バレーボールとテニスとどちらが好きですか。
C. あなたの学校にはバレーボールのクラブがありますか。
D. バレーボールのルールを説明してください。

正解はDです。日本語学習者でなくても、普通の日本人にとっても、Dが最も難しく感じられるのではないかと思います。ただし、この場合の"難しい"というのは、「バレーボールのことを知らないから難しい」というのではなく、「仮にバレーボールのことをよく知っていたとしても、答えるために用いる日本語そのものが難しい」という意味です。

　たとえば、Aの質問に対してなら「バレーボールです。」と答えればいいし、Bについても同様です。Cに対しても「あります。」とだけ答えておけば、とりあえずはOKです。しかし、Dに対しては、「バレーボールは6人で1つのチームを作って、そのうちの1人が最初にサーブを打ち、……」などというように、かなり長く説明しなければいけません。ですから、Dの質問が日本語学習者にとっ

第13章 言語的挫折

ては最も難しく感じられるはずです。

　ところで、第11章と第12章で、「突き上げ」の話をしましたよね。「突き上げ」とは、被験者の言語能力の限界を知るためにする、少し難しい質問のことです。A〜Dの中では、Dが最も厳しい「突き上げ」になっています。初級学習者なら、A〜Cの質問に対してでも、スムーズに答えられないかもしれませんが、中級学習者なら、A〜Cの質問には簡単に答えてしまうでしょう。しかし、Dの質問だと、中級学習者でも、"しどろもどろ"になってしまうのではないかと思います。「突き上げ」に対して答えられなくなり、"しどろもどろ"になってしまうことをOPIでは「言語的挫折」と言います。たとえば次のS4の発話がそうです。（Tはテスター、Sは被験者。）

T1：えーと、じゃ、ちょっと、話を変えますけれども、蘇さんのご趣味はどんなことですか。

S1：えーと、私の趣味は、えーとー、スポーツをすることです。

T2：あー、そうですか。ふーん。スポーツはどんなスポーツが好きなんですか。

S2：んー、バレーボールとか、テニスとか好きです。

T3：あー、そうですか。じゃあ、日本でもバレーボールやテニスをしていますか。

S3：いいえ、全然、したことがないです。

T4：あー、そうですか。あのバレーボールもね、あのゲーム？　あたし、昔やったことあるんですけれども、最近ちょっと、全然やってないので、どんなゲームか教えてくれませんか。

S4：えーと、ちょっと難しい、えーと、えーと、えー、両チームは分けて、1つチームは6人で、えーと、えーと、しています。そのゲームをしています。えと、ボールはえと、地面に、ついて、そのチームは負けちゃった。その点が、{笑}と、負けちゃった。

　　　　　　　　（牧野成一他『ACTFL—OPI入門』（アルク）84ページより）

いかがですか。いかにも「挫折！」という感じがしませんか。この被験者は、T1、T2、T3のような簡単な質問には難なく答えているのですが、T4の「突き上げ」に対しては「言語的挫折」を起こしてしまっています。

　「言語的挫折」を起こしてしまうのは、被験者にとってはすごく嫌なことでしょうが、「言語的挫折」が確認できると、テスターはホッとします。どうしてかと言うと、「言語的挫折」が起きていないということは、被験者の能力の上限がわからないということであり、そうなると、そのOPIは、「判定不能（unratable）」になってしまうからです。OPIで、なぜ「突き上げ」を行なうのかというと、「言語的挫折」を起こさせるためだ、とも言えます。テスターがホッとするというのは、それだけ、「突き上げ」を行なうのが難しいということなのです。

　「言語的挫折」が見られないOPIは、能力の上限がわからず、「判定不能」になってしまうのですが、例外があります。その例外とは、被験者が「超級」の時です。超級話者は、中級・上級・超級のすべての「突き上げ」を、「言語的挫折」を起こすことなくクリアしていきます。だから、インタビューの最中に、1度も「言語的挫折」を起こさなかった被験者が「超級」なのだとも言えます。

(2)「言語的挫折」を利用する

　ところで、人が精神的に成長するのは、どんな時だと思いますか？　私は、やはり何らかの「挫折」を経験した時ではないかと思います。受験に失敗し、心を入れ替えて真剣に勉強するようになったり、好きな人に振られたのを機にもっと魅力的な人間になろうと決意したり、というようなことです。戦後日本の経済成長を支えた工場の改善活動などについても、まったく同様のことが言えます。工場の改善活動というのも、ある日何となく行なわれる、というものではなく、ほとんどの場合、不良品が出た、あるいは、機械が頻繁に停止するようになった、などの不具合がきっかけとなって行なわれています。壁にぶつかって挫折し、それを乗り越えることによって成長していく。何となくそんな姿が想像できるような気がします。

　第11章で紹介した「タスク先行型」の教え方は、「挫折を機に成長する」とい

う考え方に基づくものです。「タスク先行型」の教え方では、学習者に対して少し難しめのタスクを与えて「言語的挫折」を起こさせ、そこで、しかるべき表現・文型などを導入します。つまり、「教育」が「挫折」からスタートするのです。OPIにとっても、「タスク先行型」の教え方にとっても、「言語的挫折」は必要なものです。ただし、OPIでは、挫折を"能力の限界"であるととらえるのに対し、「タスク先行型」の教え方では、挫折を"教育のチャンス"だととらえるのです。

「タスク先行型」の教え方の手順を図式化すると、以下のようになります。

```
少し難しめのタスク（突き上げ）
         ↓
      言語的挫折
         ↓
表現・文型の導入（能力の向上）
```

(3)「タスク先行型」と「表現先行型」

　第11章やこの章を読んで、「あれ、何か変だぞ？」と思われた方がいらっしゃるだろうと思います。確かにちょっと変なんです。どこが変なのかというと、いわゆる"普通の"教え方とは順番が逆になっているという点です。普通は、タスクを与えてから表現・文型を教えるのではなく、表現・文型を教えておいてからタスクを与えて練習をさせます。たとえば、「～てもらえませんか」、「～ていただけませんか」という文型を教えて十分に練習させ、その後で「先生に作文の添削をお願いする」というロールプレイを行なわせる、といった具合です。

　タスクを与えてから表現・文型を教える方法を「タスク先行型」、表現・文型を教えておいてからタスクを与える方法を「表現先行型」と呼ぶことにします。「タスク先行型」の教え方では、少し難しめのタスクを与えて言語的挫折を起こさせ、そこで表現・文型の導入・練習を行ないます。一方、「表現先行型」の教え方では、先に表現・文型を導入して十分に練習させておいてから、それほど無

理のないタスクを与えて実際的な練習を行なわせます。

　ところで、「タスク先行型」と「表現先行型」という2つの教え方のうち、どちらの方が望ましい教え方なのでしょうか。

　「話す」という活動は、「状況に即して瞬時に判断を行ない、瞬時に反応する」ものです。人に話しかけられた時に、何分も黙り込んだまま考え、それから応答する、などということは、普通はないですよね。その場の状況から即座に判断し、即座に反応する、ということを行なわなければ、「話す」という活動を満足に遂行することはできないということです。

　それなら、授業でも、「状況に即して瞬時に判断を行ない、瞬時に反応する」という体験をさせるべきではないでしょうか。それが、まさに「タスク先行型」の教え方です。学習者に状況を与えて、「さあ、どうする！」と迫るわけです。そこで使うであろう表現や文型を先に教えてしまったのでは、状況に即して瞬時に判断するなどという能力は、つくはずがないのではないかと思います。

　要するに、結論は、「表現先行型よりもタスク先行型の方がいい！」ということです。しかし、問題は、教師にとっては、「表現先行型」の授業よりも「タスク先行型」の授業の方が、実際に行なうのが難しいということです。「表現先行型」の場合は、教える項目が最初から決まっているので、授業の前の日にでも、しっかり準備すればいいのですが、「タスク先行型」の場合は、どこでどんな「言語的挫折」が起こるのかによって、導入する項目が決まるので、その時になってみなければ、教える項目がわからないわけです。つまり、「タスク先行型」の教え方は、学習者だけでなく、教師も、「状況に即して瞬時に判断を行ない、瞬時に反応する」ということが要求されるわけです。学習者にとっても、教師にとっても、「タスク先行型」の教え方は「出たとこ勝負」だということです。

(4) 授業への応用

　(3) でも述べたように、「タスク先行型」の考え方は、学習者の実際の言語活動にかなり近いものになっています。学習者は、特に日本で生活している場合には、毎日の生活の中で様々な場面に遭遇し、日本語を使うことを余儀なくされて

いるわけですが、その際、その場面で必要になりそうな表現を前もって家で覚えておくというようなことは、ほとんどないだろうと思います。もちろん、使いそうな表現を覚えてから外出する、という学習者もいるかもしれませんが、遭遇するであろうすべての場面を予測することは不可能ですし、また、ある場面に遭遇することがわかっていて、その場面で必要になりそうな表現を覚えておいたとしても、話の展開が、予想していたものとまったく違ったものになってしまうということも十分に考えられます。

　学習者は、日々、様々な場面に遭遇し、その場面を何とか日本語で切り抜けようと悪戦苦闘しているのです。もしその時教師が隣りにいて、困っている学習者に「ここでは○○と言えばいいんだよ。」と教えてあげることができれば、非常に効果的な表現・文型の導入になると思います。その学習者は、何とかしてその場面にうまく対処したいと、その時、切実に思っているでしょうから、「○○と言えばいいんだよ。」というタイミングのいい教師の言葉は、まさにのどから手が出るほどほしい貴重なアドバイスになるのではないかと思います。

　日本語教育の現場では、新しい表現や文型の導入を毎日のように行なっていますが、その時に、まず「言語的挫折」を起こさせて、「言いたいんだけど言うことができない！」という状況を作っておくのがポイントです。「言いたいんだけど言うことができない！」という状況のうちの「言いたいんだけど」の部分は、学習者の興味のある話題をテーマに選ぶことで実現させることができます。また残りの「言うことができない」という部分に関しては、少し難しめのタスクを与えることで実現させることができます。

　学習者の興味のあるテーマを選んで、少し難しめのタスクを与え、「言語的挫折」を起こさせる。それから、そこで必要となる表現や文型の導入を行なえば、非常にインパクトのある、効果的な導入ができるのではないかと思います。タスクの内容は、ロールプレイ、ディスカッション、単なる質問、テープの聞き取りなど、何でもかまいません。ぜひ、教室で試してみてください。

第2部　方法

第14章　ウォームアップ

スポーツの前にはウォームアップが必要です。一流の選手は、ウォームアップによって、体をほぐすだけでなく、競技への集中力も高めていきます。この章では、学習者が意欲的に授業に取り組めるような"OPI的ウォームアップ"の考え方と方法を紹介します。

(1) OPI的ウォームアップ

　授業で、「クラスメートを温泉旅行に誘う」というロールプレイをするとします。その準備として行なうのにふさわしい活動は、どれだと思いますか？　1つだけでなくてもかまいません。次の中から選んでみてください。

　A. 日本人のような婉曲的な断り方を教える。
　B. 「〜ませんか」などの勧誘の表現を教える。
　C. 温泉が好きか嫌いか、その理由は何か、などを聞く。
　D. 温泉や銭湯に行ったことがあるか、両者はどう違うか、などを聞く。

　さて、どれを選ばれたでしょうか。問題を出しておいてちょっと無責任かもしれませんが、いちおう、これら4つのどれもが正解だと言えます。これをしてはいけない、というものは特にありません。しかし、OPI的な立場で考えると、少し違ってきます。OPI的に考えれば、正解はCとDです。ABとCDの違いは、ロールプレイに必要となる表現や文型を教えるのか、あるいは、ロールプレイの内容に興味を持たせるような活動を行なうか、ということです。

　ABのようなウォームアップも、CDのようなウォームアップも、日本語教育においては、どちらも大切であると思います。しかし、たとえば、みなさんが英語でこのロールプレイを行なうということを想像してみてください。必要となるで

あろう表現を教えてもらっておいてからロールプレイを行なうのも安心感があっていいかもしれませんが、しかし、温泉について話し、頭の中が温泉のイメージで一杯になったところでロールプレイを行なう、という方が、「さあ、話そう！」という気分になるような気がしませんか？

(2)「ウォームアップ」はなぜ必要か

　どんな授業でも、「ウォームアップ」は必要でしょうが、この本で紹介する「タスク先行型」の教え方を行なう際には、「ウォームアップ」が、特に重要になってきます。「タスク先行型」の教え方では、表現の導入・練習に先立って、少し難しめのタスクを与えますよね。少し難しめのタスクを与えると、それがOPIで言う「突き上げ」となって、学習者が「言語的挫折」を起こすので、そこで、教師がしかるべき表現や文型を導入して、「言語的挫折」を乗り越えさせるわけです。こうやって挫折を乗り越えるたびに、学習者たちは言語的に成長していく……。涙、涙、という感じですね。

　「タスク先行型」は、目的志向の考え方であると言えます。そのことを示したものが以下の図です。

```
　　　　学習者の能力を高める（目的！）
　　　　　　　　　↑
　　　　　表現・文型を教える
　　　　　　　　　↑
　　　　言語的挫折を起こさせる
　　　　　　　　　↑
　　やや難しめのタスクを与える（突き上げ）
　　　　　　　　　↑
　　　　　　ウォームアップ
```

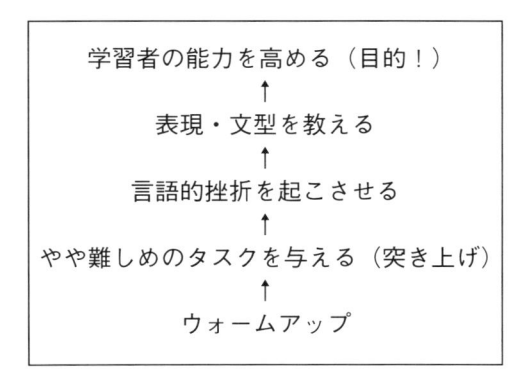

　まず、「学習者の能力を高める」という最終的な目的があると考えます。次の「表現・文型を教える」というのは、そのための有力な手段になります。そして、効果的に「表現・文型を教える」ために、「言語的挫折を起こさせる」ことを考

えます。そのために、「やや難しめのタスクを与える」、つまり、OPIで言う「突き上げ」を行ないます。

しかし、この「突き上げ」というのが、少し厄介です。「突き上げ」をすることによって、「言いたいことがあるんだけど言えない」という状況を作り、そこで、しかるべき表現や文型を導入することができれば非常に効果的なんですが、しかし、「突き上げ」をされること、つまり、能力以上のタスクを与えられることは、学習者にとっては、かなりきついことです。では、どうすればいいのか。そこで必要になるのが「ウォームアップ」です。ウォームアップをすることによって、学習者はスムーズに「やや難しめのタスク」に取り組めるようになります。

ちなみに、OPIのインタビューにも、第10章で述べたように、「①ウォームアップ→②レベルチェック→③突き上げ→④ワインドダウン」という定まった手順があります。OPIでウォームアップを行なう理由は、ここで説明したことと本質的に同じです。OPIはテストであり、そのため、被験者の能力を測定しなくてはいけません。能力を測定するということは、能力の限界を知ることとほぼ同じ意味です。能力の限界を知るためには、能力を超える質問、つまり「突き上げ」をする必要があります。

しかし、その時に、被験者が「突き上げ」に対して前向きに取り組もうという気になっていなかったら、おそらく"いい答え"は返って来ないでしょう。そうなると、仮に「言語的挫折」を起こしたとしても、それが、話す気になれなかったために起こったものなのか、言語能力の不足のために起こったものなのか、区別がつかず、結局、判定不能か、もしくは、被験者の能力を不当に低く見積もってしまうという結果になってしまいます。

OPIにおけるウォームアップの目的は、そこで起こった言語的挫折が、話す気になれなかったために起こったものではなく、言語能力の不足のために起こったものだ、ということをはっきりさせることにあります。つまり、OPIにおいても、「タスク先行型」の教え方においても、「話したいという気にさせる」ためにウォームアップを行なうということです。

(3)「話題」か「表現」か

　ウォームアップにも、「受動的・消極的」なものと、「能動的・積極的」なものがあります。たとえば、スポーツの前に、「けがをしない」ことを主な目的として行なうようなウォームアップは「受動的・消極的」なウォームアップだと言えます。一方、単に「けがをしない」ことのみを目的にするのではなく、「競技への意欲を高めていく」ようなウォームアップもあります。これが「能動的・積極的」なウォームアップです。日本語教育で言えば、「何とか無難に授業に入っていくことができる」というのみでなく、「思わずタスクに取り組みたくなる」ようなウォームアップが、「能動的・積極的」なウォームアップだと言えるでしょう。

　それでは、日本語教育においては、具体的に、どのようなウォームアップが「受動的・消極的」であり、どのようなウォームアップが「能動的・積極的」なのでしょうか。OPI的な観点からその答えを言うと、「表現・文型」によって行なわれるウォームアップが前者であり、「話題」によって行なわれるウォームアップが後者であるということになります。冒頭の「温泉に誘う」ロールプレイの例で言えば、ロールプレイで必要となるであろう表現そのものを教えてしまうABのようなウォームアップが、「表現・文型」によって行われるウォームアップであり、ロールプレイで扱われるであろう「話題」について前もって話し合うCDのようなウォームアップが、「話題」によって行なわれるウォームアップであると言えます。

　「表現・文型」によって行なわれるウォームアップよりも、「話題」によって行なわれるウォームアップの方が「能動的・積極的」であると考えられる理由は、ごく当たり前のことですが、人は、普通、使いたい「表現」や「文型」があるから会話をするのではなく、話したい「話題」があるから会話をするのだ、ということです。

（4）授業への応用

　月曜日の朝一番の授業を行なうという状況を想像してみてください。こちらはヤル気100％（仕事ですから……）、そして目一杯テンションを高めて「おはようございまーす！」とクラスに入っていったが、教室には疲れきった顔がずらっと並んでいる……。そんな経験はありませんか。しかし、そんな時こそ、ウォームアップです。すぐに授業に入ったりせず、「週末は何をしましたか。」などと聞いていきます。そして、全員に少しずつ話をさせながら、その日の授業で扱う「話題」へとゆっくり導いていきます。

　また、たとえば、「クラスメートをデートに誘う」というロールプレイを行なうとします。ロールプレイの前には、やはり「デート」の話で十分に盛り上げておいてください。いろいろな国の学生に、「国では普通どんなデートをするのか」、「あなたはどんなデートがしたいか」というようなことを聞いていくと、それぞれのお国柄が表れて、非常に面白いです。

　私が行なった、実際の授業での話ですが、あるイギリスの学生は、「湖に小舟を浮かべて、ストロベリーを食べながらシャンパンを飲みます。」と言っていました。そうすると、アジアの学生からは「ロマンチックですね〜。」などと歓声（？）があがったりします。また、オランダのマストリヒトから来た学生が、数名、クラスにいたことがあったのですが、彼女らは、口をそろえて「まず、橋の上で待ち合わせをします。」と言っていました。日本なら「駅の改札」ぐらいが典型的な待ち合わせ場所でしょうが、それがマストリヒトでは「橋の上」になるのでしょうか。他の国の学生からは「どうして橋の上なの？」、「いつもそうなの？」などという質問が活発に出ていました。

　このようにして「デートがしたい！」、「誰かをデートに誘いたい！」という気持ちにさせ、学習者の頭の中をデート一色（？）にしておいてから、ロールプレイを行なわせます。それが、思わずタスクに取り組みたくなるOPI的ウォームアップです。

　もう1つ、例を挙げます。『ロールプレイで学ぶ中級から上級への日本語会話』

（アルク）という、私が書いたテキストがあるのですが、このテキストの一番最初に出てくるのが、次のロールプレイです。

> あなたはレストランにいます。あなたは「天丼」を注文しましたが、店員が持って来たのは「天ぷら定食」でした。店員を呼び止めて苦情を言ってください。

　この「天丼」のロールプレイを授業で行なうとします。いきなり、このロールプレイを行なわせると、学習者は、「どうして天丼なんだ……」「どうしてこのロールプレイをしなければいけないんだ……」と思うだろうと思います。だから、まず、ウォームアップが必要です。ウォームアップを行なう際に考えるべきことは、このロールプレイを行なう必然性を学習者たちに感じさせること、つまり、「天丼を注文したい！」「どうしても天丼を食べたい！」と思わせることです。そこで、天丼ではなく、天ぷら定食が来てしまったら、普通は、どうしても、何か一言言いたくなるだろうと思います。そういう状態になることを目標にするわけです。

　まずは、「『〇〇丼』という名前の食べ物で知っているものはあるか」「どれを食べたことがあるか」「どれが食べたいか」などということを、学習者たちに聞いていきます。来日直後の学生には無理かもしれませんが、半年も日本で過ごしているような学生なら、「牛丼」「カツ丼」「天丼」「中華丼」「うな丼」などという名前がいくつか出るのではないかと思います。また、「親子丼を知っているか」「なぜ親子丼という名前なのか」などということを聞いてもいいかもしれません。「鳥肉と卵、つまり親と子を一緒に食べるからだ」と説明すると、びっくりする学生もいます。そう言えば、地方によっては「他人丼（豚肉と卵）」というのもありますよね。さらに、「自分の国の食べ物で、日本のどんぶりのようなものはあるか」というようなことも聞いて、自分の国のことを話させるのもいいだろうと思います。

　このようにして、「どんぶりを食べたい！」「天丼を食べたい！」という気持ち

にさせていくのですが、しかし、クラスのほとんどがどんぶりというものを知らない、あるいは、天ぷらというものを知らない、などという時には、ちょっとお手上げです。こういう時には、その場の判断で、「天丼」のロールプレイはあきらめ、たとえば、「水餃子を注文したのに、焼き餃子が来てしまった」というように少しだけ内容を変更して、そのクラスの学習者たちが、その内容を生き生きと実感できるタスクにしてしまった方がいいだろうと思います。

　授業の前日にしっかり準備することも大切なことですが、こういった「出たとこ勝負」的な能力をつけていくことも、日本語教師には欠かすことのできないことだと思います。

column

論文って役に立つ？

　日本語教育に関する論文を読んだり、研究発表を聞いたりしても、「あまり役に立たない」と感じることが多いのではないかと思います。これはどうしてなのでしょうか。まず、論文や発表の内容自体がよくない、ということが考えられます。大学教員は、「教育」と「研究」の両方を行なうことで給料をもらっています。ですから、授業をするだけでなく、論文を書いたり、研究発表をしたりしていないと、教授昇進や助教授昇進の時にクレームがつく、ということが起こる可能性があります。また、大学教員になることを目指している大学院生たちは、もっと深刻で、研究発表や論文などの研究業績がないと、なかなか就職することができません。その結果、大学教員も、大学教員を目指す大学院生たちも、調査や分析が不十分なまま論文を書いてしまうということが起こります。

　また、論文とは、そもそも、直接的には役に立たないものであるとも言えます。なぜなら、論文を書く時には、個別的な現象ではなく、普遍的な真実を描き出すことを目的とするからです。ですから、「A大学の留学生学生別科における敬語指導について」よりも、「確認要求表現の体系について」というテーマの方が好まれることになります。どうしてかと言うと、後者の方が、より普遍的だからです。さらに、論文には実証したことしか書けませんので、「多人数クラスにおける効果的な会話指導の方法」などという、いかにも実用的で、おもしろそうなテーマも敬遠されがちです。なぜなら、その指導法が他の方法よりも効果的であることを実証することが非常に難しいからです。そう考えると、日本語教育について、いい論文を書くということが、すごく難しいことであるように思えてきます。

　普遍性と実証性を兼ね備え、かつ、役に立つ論文。そんな論文を、いつか書いてみたいですね。

第2部　方法

第15章　スパイラルな突き上げ

能力差のあるクラスでの授業は、本当にやりにくいものです。しかし、それを乗り越えてこそプロ。能力差のあるクラスにうまく対応できるかどうかが、プロとアマの分かれ目です！　この章では、能力差のあるクラスでうまく授業を行なうためのOPIの技を紹介します。

（1）スパイラルな突き上げとは

　さて、例によって、この章もクイズからスタートです。次の4つは、どれも教師が学習者に対して行なう質問です。この中から仲間はずれを1つ探してください。

　A．あなたは何曜日にゴミを出しますか。
　B．ゴミの分別の方法を説明してください。
　C．ゴミ分別の是非について意見を聞かせてください。
　D．あなたの家族について話してください。

　この4つの中で仲間はずれはDです。ABCは、どれも「ゴミ」についての質問ですが、Dだけは「家族」についての質問です。つまり、ABCには「ゴミ」という共通の「話題」があるのですが、Dだけは別の「話題」に関する質問だということです。
　ところで、このABCですが、確かに「話題」という点では共通しているのですが、しかし、ある意味、まったく違うレベルの質問だ、という感じがしませんか。何が違っているのかというと、答えとして要求している文の「機能」が違っているのです。Aの質問から引き出される答えの文の機能は「簡単な受け答えをする」というものです。そして、Bは「説明する」、Cは「裏づけのある意見を

言う」、となります。この中ではAが最も簡単で、次がB、そして一番難しいのがCです。OPIの評価基準で言えば、Aに対する答えのレベルが「中級」、Bは「上級」、Cは「超級」ということになります。

実際に自分がこれらの質問に答えてみることを考えれば、わかりやすいですよね。Aの質問に対してなら、たとえば「月曜日と木曜日です。」とだけ答えておけばいいですが、Bに対してなら、もう少し長い「説明」がいるでしょうし、さらに、Cに対してだと、いくつか論拠を挙げて、自分の「意見」を述べていくことが必要です。

OPIでは、被験者の能力の限界を知るために突き上げを行ないますが、同じ「話題」で「機能」のレベルだけを上げて突き上げを行なっていくこと、つまり、A→B→Cというように連続的に突き上げを行なっていくことを、「スパイラルな突き上げ」と呼んでいます。「スパイラル（spiral）」というのは「螺旋状の」という意味です。質問のレベルが、中級から上級、超級へと上がっていく時に、まったく違う話題についての質問を行なうのではなく、ある1つの話題の周辺をぐるぐる回るようにして、あまり話題を変えずにレベルを上げていくので、そのようなネーミングになったのだろうと思います。

(2)「話題」と「機能」

「スパイラル」という意味は、次のabcを見ると、よくわかるのではないかと思います。次のabcと、先ほどのABCを比べてみてください。

a. いつもどこで買い物をしますか。
b. 相撲と柔道の違いを説明してください。
c. 農産物の輸入自由化について意見を聞かせてください。

abcは、それぞれ「簡単な受け答えをする」、「説明する」、「裏づけのある意見を言う」という「機能」の文を答えとして要求しています。つまり、答えとして要求している文の「機能」が、ABCの場合とそれぞれ同じだということです。しかし、ABCは、A→B→Cというように連続して質問をされてもそれほど違和

感は感じませんが、abcは、a→b→cというように連続して質問されると、非常に違和感を覚えます。ABCの質問が連続して行われることは、日本人同士の普通の会話の中でもあり得ることだと思いますが、abcが連続するということは、まずないだろうと思います。

　OPIでは、インタビューの中で少しずつ難しい質問をしていくのですが、その際には、A→B→Cというように、「話題」は変えずに、「機能」のレベルだけを上げていくようにします。そして、1つの「話題」の中で、中級・上級・超級というようにスパイラルに突き上げを行なった後に、また別の「話題」について、同じようにスパイラルに突き上げていき、最終的に、いくつかの「話題」が同じインタビューの中で扱われるようにするのです。

　したがって、OPIのテスターには、「話題」を変えずに「機能」のレベルだけを上げて質問をしていく能力が必要になります。たとえば、「ラーメン」という「話題」なら、「月に何回ぐらいラーメンを食べますか。(中級)」、「中華料理店のラーメンとインスタントラーメンがどのように違うか説明してください。(上級)」、「ラーメンなどのインスタント食品がこれだけ普及していることについてどう思いますか。(超級)」というように、あるいは、「テレビ」という「話題」なら、「どんな番組をよく見ますか。(中級)」、「その番組の内容を説明してください。(上級)」、「テレビが現代人の生活に与える影響について意見を聞かせてください。(超級)」というようにです。

　OPIのインタビューとは、このように、被験者との会話の中で自然に出た「話題」を利用して、中級→上級→超級と突き上げていくものなのです。いかがでしょうか、ちょっと難しそうだと思いませんか？　まるで、一流の落語家が突然お題を頂戴して、その場でちょっとした小咄を作るようなものですよね。

(3) 仲間はずれを作らない方法

　このようなOPIテスターの能力、あるいは、このようなOPIの「スパイラルな突き上げ」は、日本語の授業においても非常に役立ちます。特に能力差のあるクラスにおいて、抜群の効果を発揮します。

初めに挙げたABCDの４つの質問を、ある日本語のクラスで、それぞれ別の４人の学習者にするとします。この時、この４人の中で、どの質問をされた学習者が最も疎外感を感じるでしょうか。私は、おそらくＤの質問をされた学生だと思います。ABCも確かに難易度のまったく違う質問なので、一番簡単なＡの質問をされた学生は、あまり気分がよくないかもしれません。しかし、ABCは同じ「話題」についての質問なのであり、したがって、Ａの質問をされた学生も、BCの質問をされた学生と同じ話の輪の中に入っていると言えます。その点、Ｄの質問をされた学生は、完全に仲間はずれになってしまっています。

　学習者の能力差という問題は、日本語のクラスにはつきものです。レベルの違う学習者が同じクラスにいるので困る、という経験をしていない日本語教師は、おそらく１人もいないのではないかと思います。学習者の能力に非常にばらつきのあるクラスを教える時には、この「スパイラルな突き上げ」の原理を利用することができます。能力差に対応するために、能力の低い学生には簡単な質問をし、そして、能力の高い学生には難しい質問をするわけですが、その時に、同じ「話題」で質問の難易度を変えていくのです。そうすれば、能力の低い学習者も、それほど疎外感を感じることなく、"一緒に"話をすることができます。

(4) 授業への応用

　「スパイラルな突き上げ」をするということは、要は、「同じ話題で難易度の異なる質問をする」ということなんですが、これが"言うは易く行なうは難し"です。しかし、このような技術を身につければ、能力差のあるクラスで教える時も怖いものなしです！　たとえば、「結婚」についての「話題」が、テキストで扱われていたり、クラスの雑談の中などで出た時には、次のような「スパイラルな突き上げ」を考えて、それぞれのレベルの学習者に質問を投げかけるわけです。

　中級：結婚式に行ったことがありますか。
　上級：あなたの国では結婚式がどのように行なわれるのか、詳しく説明してください。

超級：男女別姓を行なうべきか否か、意見を聞かせてください。

ここで少し気をつけていただきたいことは、上の「中級」「上級」「超級」というのは、質問の難しさのレベルだということです。ですから、「タスク先行型」の考え方でいくなら、つまり、少し難しめの質問をするのがいいと考えるなら、初級の学習者には「中級」レベルの質問を、中級の学習者には「上級」の質問を、そして、上級の学習者には「超級」の質問をするということになります。

「スパイラルな突き上げ」の例を、いくつか挙げてみます。

【話題】スポーツ
中級：どんなスポーツが好きですか。
上級：そのスポーツのルールを説明してください。
超級：オリンピックで勝った選手に国が多額の報奨金を出すことについてどう思うか、意見を聞かせてください。

【話題】映画
中級：最近どんな映画を見ましたか。
上級：その映画のストーリーを話してください。
超級：残酷なシーンのある映画を作ると観客がよく入る。しかし、子供には悪い影響があるかもしれない。あなたが映画会社の社長だったら、どうするか、意見を聞かせてください。

【話題】正月
中級：あなたの国では正月に何をしますか。
上級：あなたの国の正月と日本の正月がどう違うか、説明してください。
超級：伝統的な行事や習慣が大切にされなくなっていくことについてどう思うか、意見を聞かせてください。

【話題】アルバイト
中級：どんなアルバイトをしたことがありますか。

上級：そのアルバイトの仕事の内容を、1日の仕事の初めから終わりまで、詳しく説明してください。
超級：高校生や大学生がアルバイトをすることはいいことだと思いますか、それとも悪いことだと思いますか、あなたの意見を聞かせてください。

【話題】携帯電話
中級：誰とどんな時に、よく携帯電話で話をしますか。
上級：携帯電話のメールの使い方を教えてください。日本語をどのように入力するのですか。
超級：最近、携帯電話やインターネットなどの使用が進んで、直接的な人と人とのコミュニケーションが軽視されているように思うのですが、それについてどう思いますか。

【話題】カラオケボックス
中級：誰とどんな時によくカラオケに行きますか。
上級：カラオケボックスの利用方法・料金システムを説明してください。
　　：選曲の方法を説明してください。
超級：大学生が飲み会の2次会で人生論・恋愛論などを戦わせなくなることをどう思いますか。
　　：カラオケがない国にカラオケの事業展開をするためには、どうすればいいでしょうか。

【話題】コンビニ
中級：週に何回ぐらいコンビニに行きますか。
上級：コンビニが行なっているサービスについて説明してください。
　　：コンビニのコピー機の使い方を説明してください。
超級：最近コンビニ中心の食生活をしている人が増えていますが、それについてどう思いますか。
　　：コンビニはその周辺地域や社会にどんな影響を与えていると思います

か。あなたの意見を聞かせてください。

【話題】旅行
中級：今までに、どんなところに旅行に行きましたか。
上級：一番印象に残っている旅行について、最初から最後まで、全部話してください。
　　：その旅行の中で最も印象に残っている出来事について、詳しく話してください。
超級：ある国が、経済成長のために観光産業に力を入れることについて、どう思いますか。
　　：もしあなたが、あなたの国の大統領だったら、日本からの観光客を増やすために、どのような政策を考えますか。

【話題】大学
中級：あなたの国の大学は、休みはいつですか。
上級：日本の大学とあなたの国の大学がどう違うか、教えてください。
　　：あなたの国の大学の、入試制度について説明してください。
超級：大学を出ても企業では即戦力にならない、などと言われることがよくあります。大学の価値とは何か、あなたの意見を聞かせてください。
　　：もしあなたが日本の大学の学長だったとしたら、この少子化の時代をどのようにして乗り切りますか。

【話題】アパート・マンション
中級：あなたのアパートには、どんな人が何人ぐらい住んでいるのですか。
上級：日本のアパートと、あなたの国のアパートの違いを説明してください。
　　：不動産屋を通してマンションに入居する時の手続きを教えてください。
超級：外国人を入居させることを嫌がる家主が多いという問題について、あなたの意見を聞かせてください。

【話題】家族
中級：家族は、何人ですか。誰と誰がいますか。
上級：あなたはお母さんに似ているとのことですが、あなたとお母さんは、どこが似ていて、どこがどう違うか、教えてください。
　　：あなたの国に遊びに行った時に、たまたまあなたは都合が悪くて、代わりにお父さんが空港に迎えに来てくれたとしましょう。その時に、私が見てすぐにわかるように、お父さんの顔や体の特徴について詳しく教えてください。
超級：現在、核家族化が進行していることについて、どう思いますか。
　　：子供の数が減ったため、老人介護の問題が深刻になってきていますが、この点についてどう思うか、あなたの意見を聞かせてください。

【話題】テレビゲーム
中級：あなたの好きなゲームソフトは何ですか。
上級：あなたの好きなゲームのやり方を説明してください。
　　：ゲームで高い得点を挙げるコツを教えてください。
超級：ゲームでは簡単に敵を殺してしまいますよね。そのようなことが、少年犯罪を生む原因の1つになっているのではないかと思いますが、その点について、あなたの意見を聞かせてください。

【話題】交通
中級：あなたは、いつも何で大学に行っていますか。
上級：あなたが目撃した交通事故について、詳しく教えてください。
　　：日本の交通ルールと、あなたの国の交通ルールの違いを説明してください。
超級：もしあなたが国の責任ある立場の人だったら、ラッシュアワーの混雑を解消するために、どのような対策を講じますか。
　　：排気ガスなどの問題があるマイカーの使用をできるだけ少なくし、公共の交通機関をもっと積極的に人々に利用してもらうためには、国はどの

ようなことを行なうべきだと思いますか。

【話題】買い物
中級：スーパーマーケットでは、いつも何を買いますか。
上級：値切る時のコツを教えてください。
超級：大型のデパートやスーパーができると、昔からあった地元の小さな店がつぶれてしまうという問題がありますが、このような問題に対するあなたの意見を聞かせてください。

【話題】絵画
中級：どうして絵を描くことに興味を持ったんですか。
上級：油絵の描き方を、道具などを準備するところから、教えてください。
　　：あなたが一番好きな絵は、どんな絵ですか。それを見ていない私にもわかるように、どんな絵なのか、詳しく説明してください。
超級：画家は、自分が描いた絵を売って生計を立てているわけですが、芸術に値段をつけるということについて、あなたはどう思いますか。あなたの意見を聞かせてください。

　テキストに出てきた、あるいは、授業中に出たどんな「話題」についてでも、このように自由に突き上げていくことができれば、非常に強力な武器になると思います。
　さらに、既存のテキストを利用して、このような「スパイラルな突き上げ」を行なうのではなく、「スパイラルな突き上げ」の考え方を利用した、あらゆるレベルの学習者に対応できるテキストができないものでしょうか。そんな"夢の教科書"を作ることも、いつかは可能になるのではないかと思います。

column

Ⅰグループって何？

　日本語教育では、五段活用の動詞のことを「Ⅰグループの動詞」と言い、上一段活用と下一段活用の動詞のことを「Ⅱグループの動詞」と言っています。なぜ、五段動詞がⅠグループで一段動詞がⅡグループなのかはよくわからないのですが、おそらく、古語の動詞の活用表が四段活用の動詞から始められていたために、現代語の動詞の活用表も五段動詞から始められることになり、それが、そのまま日本語教育にも影響を与え、活用表の一番最初にある五段動詞を「Ⅰグループの動詞」と呼ぶようになったのではないかと思います。

　このⅠグループ・Ⅱグループというネーミングには、実は、大きな問題があります。なぜなら、Ⅰグループの動詞の方が活用が難しく、Ⅱグループの動詞の方が活用が簡単だからです。活用が簡単なⅡグループの動詞から先に練習させるべきなのですが、ネーミングにつられて、Ⅰグループの動詞から先に練習させてしまう教師も、少なくないだろうと思います。しかし、逆に、Ⅱグループの動詞から先に練習させたとしても、「最初にⅡグループの動詞から練習します！」と言ったのでは、学習者に違和感を与えてしまいますよね。では、どうすればいいのでしょうか……。

　Ⅰグループ・Ⅱグループではなく、「飲む」グループ・「食べる」グループと呼ぶのはどうでしょうか。もちろん、ご飯を「食べる」のが先で、ゆっくりお茶を「飲む」のが後です。えっ、一杯「飲む」のが先でご飯を「食べる」のが後だって？　そうですね〜、そういう酒飲みの日本語教師にとっては、「食べる」と「飲む」のどちらを先に扱うのかということが、ちょっとわかりにくくなってしまうかもしれませんね。Ⅰグループ・Ⅱグループという呼び方に代わる新しいネーミング、何かないですかね〜。どうでもいいような問題に見えるかもしれませんが、案外、深刻な問題なのではないかと思います。

第2部　方法

第16章　トリプルパンチ

テニスの本を読むだけで、テニスが上手になるということは絶対にありません。テニスの上達のためには、実際にテニスをすることが重要です。話す能力の養成も、それと同じです。大切なのは、とにかく話すこと。この章では、学習者に"徹底的に"話させるためのOPIの技を紹介します。

（1）トリプルパンチとは

次の4つのうち、被験者が超級であるかどうかを試すための質問としてふさわしくないものを、1つ選んでください。

A. 小中学校に週休2日制を導入するか否かについて、あなたの意見を聞かせてください。
B. 国家予算を拡大するためには、あなたの言うとおり、消費税率を引き上げる必要があるかもしれません。しかし、そうすると、消費者の購買意欲が減退して、かえって税収が減ってしまう可能性があるのではないですか。
C. もしあなたがおっしゃるような政策を施行したとすると、これまで友好関係を持っていた国に対してどのような影響を与えると思いますか。
D. 韓国にはシルムという相撲に似たスポーツがあるとおっしゃいましたが、シルムと相撲がどう違うのか、説明してもらえませんか。

ここのところ、同じようなクイズを何回か出していますから、「なんだ、簡単だ！」と思われた方もいらっしゃるでしょうね。正解はDです。ABCはどれも「抽象的・仮定的な事柄」についての「意見」を言わせていますが、Dは「具体的な事実」を「説明」させています。「抽象的・仮定的な事柄」について「意見」が言えるというのは「超級」の能力であり、「具体的な事実」について「説明」

第16章 トリプルパンチ

できるというのは「上級」の能力です。言い換えれば、「上級」の学習者には「具体的な事実」について「説明」する能力はあるが、「抽象的・仮定的な事柄」について「意見」を言う能力はないということです。

さて、ABCは、どれも「抽象的・仮定的な事柄」について「意見」を言わせる質問なんですが、この3つにも違いがあります。Aは、「〜について意見を聞かせてください」というように、ストレートに聞いて「意見」を言わせています。Bは、テスターが被験者の意見に「反論」し、それに対して答えさせる形で「意見」を言わせています。Cは、「もし〜だったら」というような「仮定的な状況」を提示して、それについて論じさせています。「意見」が言えるかどうかということは、それによって、超級であるか否かということが決まるという、非常に重要なことですので、このように、いろいろな角度から「意見」を聞いていくわけです。そうすることによって、たまたまできた、というようなまぐれ当たりに惑わされることがなくなりますし、また、上級の被験者がどの程度超級の「突き上げ」に対応できるかということもよくわかり、「上級―中」「上級―上」などの、上級のサブレベルの判定も行ないやすくなります。

「ストレートに意見を聞く」→「反論して意見を言わせる」→「仮定的な状況について論じさせる」というように、「意見」を言わせる質問を異なった角度から3回連続して行なうことを、OPIでは「トリプルパンチ」と呼んでいます。ただし、「トリプルパンチ」を行なう際には、気をつけなければいけないことがあります。それは、それら3つの質問は、すべて同じ「話題」で行なわなければいけないということです。前章でお話しした「スパイラルな突き上げ」も、そうでしたよね。質問をするたびに「話題」を変えてしまうのは、当たり前のことですが、すごく不自然です。

先ほどのABCの質問と、次のabcの質問を比べてみてください。

a. 小中学校に週休2日制を導入するか否かについて、あなたの意見を聞かせてください。
b. 確かに、小学校に週休2日制を導入すると、子供たちにゆとりはできるか

もしれません。しかし、それと同時に学力の低下を引き起こしてしまうのではないですか。
c. では、もし小学校に週休2日制を導入したとすると、学習塾などの教育産業に対しては、どのような影響を与えると思いますか。

先ほどのABCの質問の「話題」はすべて異なるものでしたが、abcの質問の「話題」はすべて同じです。どれも、「小学校への週休2日制の導入」という「話題」になっていますよね。こういうのが、OPIの「トリプルパンチ」なのです。前章で説明した「スパイラルな突き上げ」を行なうのも、テスターにとってはかなり難しいことなのですが、この「トリプルパンチ」も、テスター泣かせの技です。どちらも、OPIの高級テクニックだと言えます。

(2) OPIにおける「意見」

ところで、超級話者の条件は「意見」を言えることだ、と言いましたが、OPIで言う「意見」とは、一体どういうものなのでしょうか。たとえば、次の被験者の発話は「意見」と言えるのでしょうか。

テスター：朝ごはんは、パンとご飯とどちらがいいと思いますか。
被験者A：パンの方がいいと思います。

いかがですか。「と思います」と言っているから、これは「意見」だ、と思われた方もいらっしゃるかもしれませんが、OPIでは、これは「意見」だとは考えません。「意見」とは、次のようなものです。

テスター：朝ごはんは、パンとご飯とどちらがいいと思いますか。
被験者B：パンの方がいいと思います。というのは、現代人の生活は非常に忙しく、朝ゆっくり食事ができる人が、ほとんどいないからです。パンはご飯よりも手軽なので、短時間に朝食をとりたいと思う現代人には最適です。しかし、もちろん、栄養のバランスを考えると、ご飯を食べるべきかもしれません。パンを食べると、どうしてもバタ

ーやマーガリンなどで脂肪分を摂取してしまいますし、野菜を食べることが少なくなるため、ビタミンも不足しがちです。結局、栄養のバランスやカロリーなどを考えるとご飯だが、手軽さを考えるとパン、ということになるのでしょうが、栄養の面は工夫次第で改善できる可能性があります。最善の策ではないかもしれませんが、栄養面に十分配慮しながら短時間にパンで朝食を済ます、というのが現代人の生活には合っていると思います。

OPIで言う「意見」とは、つまり、「裏づけのある意見」のことなのです。ですから、「パンの方がいいと思います。」と言うだけでは不十分で、それを裏付ける根拠を述べることが、超級話者には要求されます。

しかし、「朝ごはんは、パンとご飯とどちらがいいと思いますか。」といきなり聞かれても、被験者Bのようには答えず、被験者Aのように答えてしまうのが普通かもしれません。ですから、そこでトリプルパンチです。被験者Aのような答えが返ってきたら、「パン食だと摂取するカロリーが多くなってしまい、栄養のバランスも悪くなりがちなのではないですか。」などと「反論」し、さらに、「もし日本人全員がパンを食べたとすると、米を作っている農家はどうなると思いますか。日本の農業全体にもあまりよくない影響が出るのではないですか。」などというように「仮定的な状況」について論じさせます。そうすれば、"嫌でも"意見を言わざるを得なくなります。

(3) トリプルパンチのコツ

OPIにおけるトリプルパンチは、「裏づけのある意見」を言わざるを得ない状況に被験者を追い込むことによって、「裏づけのある意見」が言えるか否かをはっきりさせることを目的としています。しかし、「朝食はパンの方がいいと思います。どうしてかと言うと、私は小さいころからパンが好きだったからです。」と言うだけでは超級話者としては不十分です。発話が短すぎるということもありますが、扱われている「話題」の抽象度が低すぎるからです。超級話者なら、も

っと「抽象的・専門的」な話題について話ができなければいけません。先ほどの被験者Bの発話と比べていただければ一目瞭然だと思います。

　被験者に「抽象的・専門的」な話題について話させるためには、まず、テスターの質問の内容が「抽象的・専門的」なレベルになっている必要があります。テスターの質問が、相撲とシルムの違いを説明させるというような「具体的な事実」を尋ねるものであれば、被験者の答えも、当然「具体的な事実」について述べるものになることが予想されます。テスターの質問が「具体的な事実」に関するものであるのに、そこから、相撲と日本人の国民性との関わりや、相撲の儀式が農耕に端を発するものであるか否かというような抽象的な内容の発話が出ることを期待しても、それは無理というものです。テスターの質問そのものが、「抽象的・専門的」なレベルになっているということが、トリプルパンチの必要条件なのです。どうすれば、テスターの質問が超級にふさわしいものになるのか、どうすれば「突き上げ」の難易度が上がるのか、ということについては、第12章で詳しく述べましたので、ご参照ください。

(4) 授業への応用

　上級クラスでは、テキストに出てきた話題について、トリプルパンチの要領で、どんどん「意見」を言わせてみてください。まずは、ストレートに「〜についてどう思いますか」と聞きます。たとえば、パソコンの話題であれば、「パソコンがこれだけ普及していることについてどう思いますか。」というようにです。そして、そこでどんな「意見」が述べられても、必ず「反論」してください。たとえば、「確かにパソコンは便利なものかもしれませんが、キーボードに慣れていない中高年層がリストラの対象になり、それが社会的な問題になっているのではないかと思いますが、それについてはどう思いますか。」などというようにです。さらに、「あなたが言うような中高年層に対する救済策を本当に実行したとすると、若者の労働意欲にどのような影響を与えると思いますか。」などと質問して、「仮定的な状況」について論じさせてください。

　これら3つの順番はこのとおりでなくてもかまいません。また、「反論」を何

第16章　トリプルパンチ

回か続けたり、「仮定的な状況」について論じさせる質問を何回か続けてもかまいません。トリプルパンチの技術を使って、上級学習者に"徹底的に"意見を言わせてください。そうすることによって、上級学習者を超級に到達させることができます。

　中級クラスでも、上級クラスと同じように、同じ話題で違った角度から連続的に突き上げるようにしてください。たとえば、「結婚」という話題についてなら、次のような質問が考えられます。「日本の結婚式と韓国の結婚式がどう違うか教えてください。(比較)」「披露宴がどのように行なわれるのか、順を追って詳しく話してください。(手順)」「新郎新婦がどんな服を着るのか、見ていない人にもわかるように説明してください。(描写)」「出会いから結婚までのストーリーを話してください。(ストーリーテリング)」「その中で特に印象的なエピソードがあれば話してください。(エピソード)」「なぜ日本と韓国の両方で結婚式をしたんですか。(理由の説明)」「私が結婚式場の人になりますから、できるだけいい条件で結婚式場が借りられるように交渉してください。(交渉)」

　さらに、「もう少し詳しく説明してください。」などと追い討ちをかけて、できるだけ詳細に説明させてください。どんな話題についてでも、いつもこのように"徹底的に"話させていれば、中級学習者は必ず上級になります。

　また、初級クラスでは、第12章でも説明しましたが、Wh疑問文とYes-No疑問文を繰り返しながら延々と同じ話題の質問をしていく、というのがポイントです。たとえば、次のような質問です。「家族は何人ですか。(Wh)」「お兄さんは学生ですか。(Yes-No)」「お兄さんはどんな人ですか。(Wh)」「お兄さんは日曜日は家にいますか。(Yes-No)」「お兄さんの趣味は何ですか。(Wh)」「あなたも一緒にボーリングに行くんですか。(Yes-No)」「もしあなたが勝ってしまったら、お兄さんはどうしますか。(Wh)」「そんなことが本当にあったんですか。(Yes-No)」「その時、あなたはどうしたんですか。(Wh)」

　それぞれのレベルでの質問のポイントを一言で言うと、上級クラスでは「抽象的・専門的に」、中級クラスでは「詳細に」、初級クラスでは「単純ながらも盛り上げる」ということになります。

第2部　方法

第17章　待つ・聞き返す

「突き上げ」はOPIの象徴とも言えるものですが、この章では、「突き上げ」を効果的に行なうための技を紹介します。「技」と言うよりは「態度」と言った方がいいかもしれませんが、それは「待つ」「聞き返す」ということです。これがないと「突き上げ」の効果が半減してしまいます。

(1) 教師の態度

　学習者が、「先生、大きなsnailがいます。こわいです。」と言ったとします。この学習者の発話に対する教師の反応として最も望ましいものは、次の4つのうちのどれでしょうか。

　A. えっ、どこにいるんですか？
　B. snailはこわくないから大丈夫ですよ。
　C. snailは日本語でカタツムリと言います。覚えてくださいね。
　D. snailって何ですか？

　いかがですか。Cを選ばれた方が多かったかもしれませんね。しかし、私ならDを選びます。Dを選ぶ理由は2つあります。まず1つめは、ごく普通の日本人なら、「snail」という英単語を知らないのではないかということです。だから、「えっ、snailって何？」などと聞き返すのが、普通の日本人の反応ではないかと思います。ABCは、いずれも「snail」という英単語を理解してしまった上での反応です。当たり前のことですが、学習者の最終的な目標は、教室の中でスムーズに日本語が使えるようになることではなく、教室の外でスムーズに日本語が使えるようになることです。ですから、日本語教師も、ごく普通の日本人と同じような反応をすることが必要なのではないかと思います。

もう1つの理由は、「snailって何ですか？」と聞き返すこと自体が、非常にいい突き上げになっているということです。こう聞き返されると、学習者は、「snailは、背中に自分の家がある軟らかい生き物で、時々、体全部が家の中に入ってしまいます。」などと説明しなければならなくなります。このように、言うことができなかった言葉を、別の言葉で言い換えたり説明したりすることを、「言い換えのストラテジー」と言います。「言い換えのストラテジー」を使うことによって、学習者は言語的挫折を回避できるようになります。ですから、「言い換えのストラテジー」の練習の機会を学習者から奪ってしまうABCのような教師の反応は、あまりよくない反応だということになります。

　「わからない言葉を教えてあげる」教師は、一見、優しくていい教師のように見えますが、しかし、それでは、学習者の日本語力は伸びていきません。「わからない言葉があれば聞き返す」という、ごく当たり前の態度がとれる教師こそが、本当の意味での思いやりのある教師、つまり、学習者の能力を向上させることができる教師なのです。

(2) 普通の日本人のように

　英単語を教師が理解してしまうという例を最初に挙げましたが、「聞き返す」ことが必要になるのは、それだけではありません。たとえば、学習者の母語の発音の影響が非常に強く残っているような発話についても、理解してしまわずに、聞き返すことが大切です。

　たとえば、ある韓国人学習者が、「昨日は友達とヨリを作りました。」と言ったとします。ここで、学習者の言う「ヨリ」が「料理」のことだとわかったとしても、「えっ、ヨリって何ですか？」と聞き返すことが大切です。「料理」のことを韓国語では「요리（ヨリ）」と言い、この両者の発音が非常に似ているために起こることなのですが、学習者の日本語に慣れている日本語教師には理解できても、普通の日本人には理解できない可能性が高いと思われます。この場合、学習者は自分の母語を使っているという意識はないかもしれません。しかし、こういう場合でも必ず聞き返し、学習者に「言い換えのストラテジー」を使わせるよう

にすることが大切です。

また、「聞き返す」ことと同様、「待つ」ことも、教師にとっては非常に重要なことです。次の例は、「待つ」ことができなかった例です。

学習者：そのことが、悪い……
教　師：影響を与えたんですか？
学習者：はい。

この会話は、ある意味、非常に自然であるとも言えます。というのは、日本人同士が会話を行なう場合には、お互いに助け合いながら、つまり、お互いに相手の発話を途中から引き継ぎ合いながら、会話を進行させていくからです。そういう意味では、この教師は日本人らしい自然な発話をしているわけです。（水谷信子先生は、このような日本人同士の会話のあり方を「共話」と呼んでいます。参考文献：「『共話』から『対話』へ」『日本語学』1993年4月号、明治書院。）

しかし、ここで考えなければいけないのは、「影響を与えたんですか？」と教師が助け舟を出すことによって、学習者の発話の機会を奪ってしまっているということです。非常にレベルの高い学習者となら、お互いに助け舟を出し合って「共話」的な会話を行なうのもいいと思いますが、日本語のレベルがまだそれほど高くない学習者との会話では、「これ以上は本当に話せない」ということが確認できるまでは助け舟は出さず、しっかりと「待つ」ことが大切です。

(3) 突き上げの効果を補強する

この本では何度も書いていることですが、OPIでは、被験者の能力の限界がどこにあるのかを見極めるために、突き上げを行ないます。テスターが突き上げをして、被験者がそれにうまく答えられれば上のレベルであることがわかり、うまく答えられなければ、そうでないことがわかります。つまり、突き上げに対してうまく答えられるか否かでその被験者の運命（？）が決定されてしまうわけであり、したがって、その判定には慎重を期す必要があります。そのため、「ここまで待っても言葉が出ないのは明らかに言語的挫折である」と思えるまでしっかり

「待つ」ことが、OPIを行なう時のポイントになります。

　逆に言えば、突き上げは「待つ」ことによって完成されるとも言えます。いくらいい突き上げをしたとしても、「待つ」ことができずにすぐに助け舟を出してしまっては、突き上げをした意味がありません。突き上げの効果は、しっかり「待つ」ことによって保たれ得るのです。

　また、被験者の発話の中に少しでもわかりにくい部分があれば必ず「聞き返す」、というのも、OPIでは鉄則になっています。「聞き返す」ということは、「言語的挫折を見逃さない」ということを意味しています。日本語教師は、普通の日本人よりも外国人の話す日本語に慣れており、被験者が話す母語訛りの日本語をかなり容易に理解してしまう傾向にあります。さらに、日本語教師には外国語の素養のある人が多く、被験者がつい母国語を口にしてしまっても、それを理解してしまうことが多いのではないかと思います。

　したがって、会話の相手がごく普通の日本人であれば、被験者の発話を理解することができずにコミュニケーションがとまるはずなのに、会話の相手が日本語教師であるためにコミュニケーションが円滑に行なわれてしまう、ということが起こる可能性があります。つまり、普通の日本人との会話であれば顕在化するはずの言語的挫折が、日本語教師が会話の相手であるために見逃されてしまうかもしれない、ということです。

　ですから、OPIを行なう時には、ごく普通の日本人のように反応する、つまり、わかっていてもわからないふりをして「聞き返す」ということが大切です。OPIにおける突き上げは、言語的挫折を起こさせて能力の限界を見極めるためのものです。せっかく突き上げをして言語的挫折が表れたとしても、それを見逃していたのでは、突き上げをする意味がありません。「待つ」ことと同じように、「聞き返す」ことも、突き上げの効果を補強するのに一役買っているのです。

(4) 授業への応用

　授業をする時にも、「助けずに待つ」「わかってしまわずに聞き返す」ということを心がけてください。そうすることによって、教師の行なう突き上げが、さら

に威力を発揮することになります。特に「snailって何ですか？」「ヨリって何ですか？」などと「聞き返す」ことは、それ自体が新たな突き上げにもなって、一石二鳥です。

また、「言い換えのストラテジー」の練習として「説明ゲーム」を行なうのも、クラスが盛り上がり、時間が余った時などには最適です。「説明ゲーム」は、以下のように行ないます。まず、「カニ」「サボテン」「にんにく」「風」「影」「アンテナ」「ワープロ」「ホームラン」などといった単語を1つずつ書いた小さな紙を作って、学習者に1枚ずつ配り、クラスの他の学習者の前で、その言葉を説明させます。「カニ」というカードをもらった学習者は、たとえば「これは動物です。海の近くに住んでいます。手にはさみがあって、横に歩きます。」などというように説明し、他の学習者たちが、それが何であるかを当てるのです。

このゲームのポイントは、その学習者の説明が完全に終わってから、他の学習者に答えを言わせることです。ゲームとは言っても、勝ち負けを競うことが目的なのではなく、日本語の練習をさせることが目的なわけですから、その学習者が完全に説明を終えるまでは、他の学習者たちに口を挟ませないことが大切です。

このゲームに少し慣れてきたら、「これは、海の近くに住んでいる動物で、手にはさみがあって、横に歩きます。」というように、1文のみで説明させるのも非常に効果があります。そうすることによって、上級になるために必要とされる、複文や連体修飾節の生成能力が自然に身についていきますし、「言い換えのストラテジー」もよりスムーズに使えるようになると思います。

(5) もう1つのコツ

実は、「待つ」「聞き返す」こと以外にも、突き上げの効果を確実に引き出すためのコツがあります。そのコツとは、「同じ話題で十分に話させておいてから突き上げをする」ということです。同じ話題で十分に話させておいてから突き上げをすると、被験者は逃げることができなくなり、突き上げというパンチが確実にヒットします。

まず、よくない例を示します。（Tはテスター、Sは被験者。）

第17章　待つ・聞き返す

T1：趣味は何ですか？
S1：映画を見ることです。
T2：最近見た映画のストーリーを教えてください。
S2：最近はあまり見ていません……。

「映画を見ることです。」という被験者の発話を受けて、テスターは、「最近見た映画のストーリーを教えてください。」という突き上げを行なっているのですが、被験者に逃げられてしまっていますよね。「最近はあまり見ていません……。」と言われてしまっては、もう、それ以上、この話題で突き上げることは難しいだろうと思います。

次に、いい例を示します。

T1：趣味は何ですか？
S1：映画を見ることです。
T2：どんな映画が好きなんですか？
S2：ロマンチックな映画が好きです。
T3：今まで見た映画の中で、何か印象に残っているものはありますか。
S3：そうですねー、「タイタニック」がよかったです。
T4：あーそうですか。私は見たことがないんですけど、面白かったですか？
S4：はい、感動しました。
T5：今でもよく覚えていますか。
S5：はい。
T6：じゃあ、その「タイタニック」のストーリーを話してもらえますか？
S6：はい、……

まず、映画についてしっかり話させ、ストーリーを説明せざるを得ないような状況に追い込んでおいてから、T6で「じゃあ、その『タイタニック』のストーリーを話してもらえますか？」という突き上げをしています。テスターは、おそらく「映画を見ることです。」というS1の発話を聞いた時に、「よし、ストーリ

ーを聞くという突き上げをしてやろう！」と心の中で思ったのではないかと思います。しかし、いい突き上げを思いついたからといって、そこで喜んで、すぐに突き上げてしまってはダメです。まずは、その話題について十分に話させておいてから、つまり、絶対に逃げられないようにしておいてから、おもむろにパンチを放つ。それが、秘訣です。

今のは上級の突き上げの例でしたが、次に、超級の突き上げの例をお見せしたいと思います。まずは、よくない例です。

T1：昨日の夜は何をしましたか？
S1：テレビでニュースを見ました。
T2：どんなニュースを見たんですか？
S2：イラクで日本人が人質になった事件です。すごくびっくりしました。
T3：あー、そうですか。ところで、Sさんは、たとえば、現在のイラクのような危険な場所で、外国からのジャーナリストが取材することについてどう思いますか？
S3：そうですねー、あまり考えたことがないんですが……。

テスターは、T3で、「意見を聞く」という突き上げをしているのですが、「あまり考えたことがないんですが……。」と、逃げられてしまっています。

次に、いい例を示します。

T1：昨日の夜は何をしましたか？
S1：テレビでニュースを見ました。
T2：どんなニュースを見たんですか？
S2：イラクで日本人が人質になった事件です。すごくびっくりしました。
T3：そんなにすごい事件だったんですか？
S3：はい。
T4：私も新聞の見出しだけ見たんですけど、もしよかったら、どんな事件なのか、教えてもらえませんか？

S4：はい、（説明）

T5：あー、なるほど。Sさんは、戦争をしているような危険な国で、外国からのジャーナリストが取材することについてどう思いますか？

S5：そうですねー、（意見）

　テスターは、T4で、人質事件について説明させるという形で被験者に十分に話をさせ、「それだけ事件のことについて話せるのだったら、意見がないとは絶対に言わせない！」というような状況に追い込んでおいてから、T5で「意見を聞く」という突き上げをしています。また、もう少し細かく見ていくと、T3の「そんなにすごい事件だったんですか？」という質問に答えさせるということも、T4の質問によって人質事件について説明させるための布石になっていることがわかります。

　OPIで一番難しいのは、突き上げです。まず大切なのは、被験者とのやりとりの内容を題材にした突き上げを、瞬時に思いつくことができるか否か、ということです。つまり、ひらめきです。被験者と会話をしながら、いい突き上げをひらめくことができるか否かということが、第1のポイントです。

　次に、いい突き上げを思いついたからといって、喜んですぐに突き上げたりせず、しっかりと布石を打って、被験者を逃げられない場所に追い込んでおいてから突き上げる、ということです。突き上げに至るまでの布石の打ち方を瞬時に計画できるか否か、ということが第2のポイントです。

　効果的な突き上げを生み出す力とは、煎じ詰めれば、「ひらめき」と「瞬間計画力」だと言えます。このような能力は、OPIや日本語の授業だけでなく、取材のためのインタビューなどにも、大いに役立つのではないかと思います。

column

インターネットの利用方法

　インターネットというのは、本当にすごいものですよね。日本人1人当たりの1日の米の消費量が何グラムなのか、とか、肉じゃがの発祥地についてどんな説があるのか、などということも、インターネットで、簡単に調べることができます。
　しかし、インターネットで調べ物をする時には、注意が必要です。どうしてかと言うと、インターネットの情報は、必ずしも正しいとは限らないからです。たとえば、「間接受身」というキーワードで検索して、その記事を読んでみると、明らかに直接受身だと思われる例文が間接受身の例文として挙げられていたり、間接受身と自動詞の受身が同義であるというような、明らかに間違った記述がされていたりすることがあります。だから、インターネットに書いてあることを鵜呑みにしてしまうのは、非常に危険です。
　一方、今後、日本語がどのような方向に変化していくのか、などということを考えるためには、インターネットは非常に興味深いデータを提供してくれます。たとえば、「むくもり」という言葉を検索してみてください。「リビングにむくもりを」という照明の広告や「我が家に帰ったようなほっとするむくもりを大切にします」というホテルの広告など、「むくもり」という言葉は、いたるところで使われています。最初に「むくもり」という言葉を見た時は、単なる間違いだろうと思ったのですが、検索してみると、「むくもり」という言葉を使っている人は、そう少数ではないことがわかりました。そのうち、「温もり」は「ぬくもり」ではなく、「むくもり」になってしまうかもしれませんね。「ぬくぬく」よりも「むくむく」の方が、暖かくて気持ちがよさそうな気がしませんか？「新しい」も、昔は「新たし」だったわけですから、「ぬくもり」が「むくもり」に変わったとしても、そう不思議ではないだろうと思います。

第3部　教材

"心技体"のいずれもが充実していることが大横綱の条件ですが、外国語教授法もこれと同じです。「原理」がしっかりしていなければ、教授法自体があらぬ方向に向かっていってしまうでしょうし、「方法」が十分に開発されていなければ、様々なタイプの学習者に対応することができません。そして、体力があると技が生きてくるように、いい「教材」は、教師の技を、さらに切れ味の鋭いものにしてくれるだろうと思います。

第18章　OPI的な授業とは

この本では、「テキストの型」「話題」といった、OPIについての基本的な考え方や、「突き上げ」「ウォームアップ」などの技について説明してきました。ここまでは、いわば基礎編。ここからが応用編です。OPIの考え方を生かした授業や教材作りのポイントを解説していきます。

OPIの考え方を生かした授業とはどのようなものなのか。どうすれば自分の授業にOPI的な要素を採り入れることができるのか。この本でこれまでに述べてきたことをまとめ、OPI的な授業を行なうためのポイントを、9つにまとめました。

（1）話題・場面が表に出ている授業

　文型シラバス・話題シラバス・場面シラバスなどという用語がありますが、「文型」「話題」「場面」という3要素を考えた場合に、「文型」ではなく「話題」か「場面」を表に出す、というのがOPI流です。OPIでは、「文型」ではなく、「話題」か「場面」が表に出るようにして会話を進めていきます。それに、そもそも会話というものは、たとえば「田中さんと相撲の話がしたい！」とか「ここは暴力バーで、法外な値段を吹っかけられているが、何とか払わずに店を出たい！」などと思うから行なわれるものであり、「今日は田中さんに対して受身文を使いたい。」などと考えて行なうものではないということです。

　授業の時にも、「今日は受身文を勉強します。」などと言うより、「今日は相撲の話をします。」「今日は居酒屋での会話です。」などと言う方が、学習者の関心をよりひきつけることができるのではないかと思います。

　究極的には、初級クラスの初日から、「文型」や「文字」は前面に出さず、「話

題」「場面」のみを学習者に提示して授業をすべきだと思います。また、もちろん、「話題」「場面」なら何でもいいわけではなく、「興味をひく話題」「あり得そうな場面」を選ぶことが大切です。

（2）裏に文型が整理されている授業

　「話題」「場面」は学習者をひきつけやすい要素ですが、学習者の能力を本当に向上させていくものは「文型」です。ですから、授業を行なう際には、「こういう話題のこういうタスクにはこういう文型が必要である」「こういう場面でのこういうタスクにはこういう文型が必要である」というようなことを、教師がしっかり把握しておく必要があります。

　また、初級では、「文型」という要素が重要になるでしょうが、中級・上級では、「文型」のみでなく、「談話の型」や「語彙」などという要素にも焦点が当てられるべきだと思います。

（3）メインの部分が少し難しめの授業

　これは、OPIの「突き上げ」をヒントにした考え方ですが、人は本来、「楽々できてしまうタスク」や「難しすぎるタスク」ではなく、「少し難しいタスク」を与えられた時に、最もやる気を出すのではないかと思います。

　また、「少し難しいタスク」というのは、能力の向上を引き起こす働きもします。ナチュラル・アプローチにおけるインプット仮説（能力レベルよりも少し高いレベルのインプットを理解することによって言語の習得が行なわれるという仮説）もそうですし、公文式の算数などにも、少しだけ難しいプリントをこなしていくことによって、教室に教師がいなくても算数の能力が自然に身についていく、というような理念があるように見受けられます。

　「少し難しいタスク」に挑戦することによって能力が自然に身についていくという例は、他にもたくさんあります。自動車学校の教習もその１つでしょうし、思わずのめりこんでしまうテレビゲームなども、典型的な例ではないかと思います。そもそも、直接法における表現の導入などというのも、既知語の中に未知語

を少しだけ織り交ぜて提示することによって、未知語の意味を類推させる、というようなことでしょうから、ここにも、「少し難しいタスク」に挑戦することによって自然に能力が身につくという原理が生きているのではないかと思います。

「(1) 話題・場面を表に出すこと」と、「(2) 文型を裏に整理しておくこと」と、「(3) 少し難しめのタスクを与えること」をミックスすると、「タスク先行型」という概念が現れてきます。つまり、「話題」「場面」を前面に出した「少し難しめのタスク」を与え、もしそれがうまく遂行できないようであれば、そこで必要とされる「文型」や「表現」を導入する、というものです。「文型」や「表現」を先に導入して、その後で「タスク」を与えるのが普通でしょうから、それと対比する形で、「タスク先行型」と呼ぶことにしています。

(4) ウォームアップのある授業

(3) で「少し難しめの授業」ということを書きましたが、「少し難しめ」というのは、学習者にとっては、チャレンジのし甲斐がある一方で、やや苦しいことであるとも言えます。ですから、少し難しめのメインの部分に入る前に、十分に「ウォームアップ」をしておく必要があります。

ただしウォームアップは、「文型」や「表現」ではなく、「話題」で行なうのがOPI流です。つまり、「このタスクを遂行するにはこの文型が必要になるから、前もって教えておこう」というようなタイプのものではなく、たとえば、「相撲」がその課の話題であるなら、学習者の頭の中が相撲一色になるようなウォームアップをすべきだということです。

(5)「前作業→主作業→後作業」という形の授業

これまでの (1) 〜 (4) を総合すると、「前作業→主作業→後作業」という形の授業がいい、ということになります。つまり、「前作業」で、ある「話題」についてのウォームアップを行ない、次に「主作業」では同じ「話題」で「少し難しめのタスク」を課し、そして、それがうまく遂行できなければ、「後作業」で「文型」についての手当てを行なう、ということです。

（6）教師のすべての発話がタスクとして意識されている授業

　OPIの手順が「ウォームアップ→レベルチェック→突き上げ→ワインドダウン」であるということは、第10章でお話ししましたが、この手順は、もう少し厳密に言えば、「ウォームアップ→レベルチェック→突き上げ→ロールプレイ→ワインドダウン」というようになっています。つまり、「ワインドダウン」の直前に「ロールプレイ」を行なうということです。

　被験者は、ロールプレイの部分では、ある役割を演じなければならないので、少し不自然なことをさせられている、という意識があるだろうと思います。つまり、「タスクを課されているのだ」という意識があるだろうということです。一方、ロールプレイ以外の部分では、ただ普通に会話をしているだけなので、「タスクを課されている」という意識はまったくない可能性があります。しかし、テスターにとっては、ロールプレイの部分も、ロールプレイ以外の部分も、能力判定のために必要なタスクであり、どちらもしっかりコントロールしなければいけないものです。

　こう考えると、OPIには、2種類のタスクがあるということになります。1つは、「タスクを課されている」ということを被験者が意識する「明示的なタスク」で、もう1つは、「タスクを課されている」ということを被験者が意識しない「非明示的なタスク」です。「ロールプレイ」が前者で、「レベルチェック」と「突き上げ」が後者です。

　授業でも、これとまったく同じように考えることができます。会話の授業で言えば、たとえば、ロールプレイやディベートやスピーチなどのタスクは「明示的なタスク」であり、学習者に対して発せられる教師の質問や問いかけは「非明示的なタスク」だということになります。

　普通、教師は、ロールプレイやディベートやスピーチなどの「明示的なタスク」に関しては、どのようなタスクが学習者たちに合うのだろうか、などというようなことを考えて、周到に準備を行なっているだろうと思いますが、一方、学習者に対する授業中の質問や問いかけという「非明示的なタスク」に関しては、

それが学習者の能力を上げていくものだというような意識は、ほとんど持っていないのではないでしょうか。しかし、授業中における「非明示的なタスク」こそが、最も直接的にOPIの技術を生かすことができる部分なのです。

初級・中級・上級それぞれのクラスで、具体的にどのような質問を投げかけていけばいいのか、ということについては、第12章の内容を参考にしてください。

（7）複線的な主作業のある授業

学習者の会話力を効果的に伸ばすためには、単一の「主作業」ではなく、少し違った角度からの複数の「主作業」がある方が望ましいです。（第16章でも挙げた例ですが）たとえば、「結婚」という話題を扱う授業の中でなら、以下のような複数の「主作業」を行なうことが可能です。「日本の結婚式と母国の結婚式がどう違うか説明する（比較）」「母国での披露宴がどのように行なわれるのか、順を追って詳しく話す（手順）」「母国では新郎新婦がどんな服を着るのか、見ていない人にもわかるように説明する（描写）」「出会いから結婚までのストーリーを話す（ストーリーテリング）」「その中で特に印象的なエピソードについて話す（エピソードの記述）」「できるだけいい条件で結婚式場が借りられるように結婚式場の人と交渉する（交渉：ロールプレイ）」などです。

また、「エンジョイ型のタスク」と「サバイバル型のタスク」とをセットにして課すというのも、非常に効果的です。たとえば、「友だちを誘ってカラオケボックスに行く」というエンジョイ型のロールプレイのすぐ後で、「カラオケボックスのリモコンを壊してしまったので、店の人に状況を説明して謝る」というサバイバル型のロールプレイを行なわせるわけです。いずれにしても、同じ話題で、というのがポイントです。

（8）学習者の能力差に対応できる授業

それぞれの学習者に課す「主作業」の難易度を変えることによって、クラス内の学習者の能力差にも対応できるようになります。（第15章で説明した「スパイラルな突き上げ」の応用です。）（7）で挙げた「結婚」の話題についてのタスク

は中級クラスで使うのにふさわしいものですが、もし上級レベルの学習者がクラスに混じっていたら、「男女別姓を行なうべきか否か意見を述べる」「国際結婚の是非について論じる」というようなやや難しいタスクを課し、逆に、初級レベルの学習者が混じっていたら、「結婚式に行ったことがあるか」「それはどこでか」「いつ結婚したいか」「どんな人と結婚したいか」「それはどうしてか」など、それほど難しくない質問をしていきます。

　この場合のポイントは、初級向き・中級向き・上級向きのそれぞれのタスクの「話題」がすべて同一であるということです。そうすることによって、まったくレベルの異なるタスクを課したとしても、下のレベルの学生が、それほど大きな疎外感を感じなくて済むのではないかと思いますし、また、上のレベルの学習者の発話であっても、同一の話題であるということで、下のレベルの学習者が聞き取りやすくなるのではないかと思います。

(9) 文化の匂いのする授業

　実は、OPIでは、文化という要素がほとんど考慮されていません。その理由は、文化という要素を評価基準の中に採り入れてしまうと、評価基準が汎言語的なものになりにくくなるからです。ですから、「文化の匂いのする授業」というのは、OPIを反面教師的にとらえることによって出てくる項目であると言えます。

　もちろん、「文化の匂いのする授業」というのは、「伝統的な日本文化を教える授業」という意味ではありません。日本人の生活感のようなものが、そこはかとなく感じられる授業がいいのではないかと思います。

　いかがでしょうか。以上が、OPI的な授業を行なうためのポイントです。これらを参考にして、普段の日本語の授業の中にも、OPI的な要素をどんどん採り入れてみてください。

第3部 教材

第19章 ロールプレイ学入門

話す能力を養成する方法には、ロールプレイ、スピーチ、ディスカッション、ゲーム、シミュレーション、プロジェクトワークなどがありますが、この中で一番お薦めしたいのがロールプレイです。ロールプレイは、最も手軽で、最も発展性のある練習方法だと思います。

(1) ロールプレイの特徴

　ロールプレイの特徴を端的に表しているのが、次の2点です。1つめは、「教室内の発話者の数を最大にできる手段である」ということ。そして、2つめは、「教室外の場面を教室内に持ち込むことができる手段である」ということです。

　1つめの「教室内の発話者の数を最大にできる手段である」というのは、ごく当たり前のことなんですが、案外意識されていないことなのではないかと思います。仮に、20人の学習者が教室にいたとします。この場合、同時に発話することができる学習者の最大数は、10人です。11人が同時に発話できるということは、あり得ません。11人が同時に発話すると、聞き手が9人になってしまうため、聞き手のない話し手が現れてしまうか、あるいは、同時に複数の人の話を聞かなければならない聞き手が現れてしまいます。これらは、どちらも非常に不自然ですよね。結局、2人ずつのペアを作って話をさせるというのが、同時に口を開くことができる学習者の数を最大にする手段だということです。

　次に、2つめの「教室外の場面を教室内に持ち込むことができる手段である」についてですが、なぜ教室外の場面を教室の中に持ち込む必要があるのかというと、学習者の日本語学習の目的は、教室の中で日本語を使えるようになることではなく、教室の外で日本語を使えるようになることだからです。教室内での教師とのコミュニケーションというのは、リアルではあっても、学習者にとっては、

第19章　ロールプレイ学入門

実は必要のないことであり、本当に必要なのは、教室外の場面を持ち込んだ練習なのだということです。

　ロールプレイは、このような2つの大きな長所を持つ、ほとんど唯一の手段であり、しかも、非常に手軽です。以上が、私がロールプレイを強力に推薦したいと考える理由です。

　ロールプレイは、所詮、演技であり、本物のコミュニケーションではないのだ、という批判をよく聞きます。私も、まったく同感です。しかし、そもそも、教室外の場面を、それとはまったく関係のない教室の中に取り込もうとしているのですから、不自然さや、わざとらしさが生まれるのは、必然的なことであるとも言えます。教室外の場面を教室の中に取り込むこと自体をあきらめるのなら、ロールプレイ特有の不自然さ、わざとらしさからは解放されますが、しかし、学習者の目的は、教室の外で日本語が使えるようになることなのですから、それでは、元も子もなくなってしまいます。ロールプレイを拒否するのではなく、不自然さやわざとらしさをなくすための改良を行なっていくことが、大切なことだろうと思います。

　ところで、シナリオドラマという言葉をお聞きになったことがあるでしょうか。シナリオドラマとロールプレイは、よく混同されて用いられています。日本語のテキストには、よくダイアローグが載っていますよね。学習者同士でペアを作らせて、このダイアローグの練習をする、というようなことを、教室ではよく行ないますが、このような活動はロールプレイではなく、シナリオドラマです。ロールプレイとは、「教師が、どのような状況でどのような役割を果たさなければいけないかという指示だけを与え、学習者が、その役割を果たすための言語活動を自ら行なうという教室活動」のことです（参考文献：田中望『日本語教育の方法』大修館書店）。つまり、すでに準備されているシナリオを読むのがシナリオドラマで、状況と役割の設定だけをして、学習者同士でシナリオを自ら作っていくのがロールプレイだ、ということです。2つを比べると、ロールプレイの方がずっと創造的です。

(2) 2種類のロールプレイ

 (1)では、ロールプレイには、2つの特徴があることをお話ししました。1つは、「教室内の発話者の数を最大にできる手段である」ということであり、もう1つは、「教室外の場面を教室内に持ち込むことができる手段である」ということです。つまり、ロールプレイには、次の2つの要素が含まれているということです。

①学習者がペアで言語活動を行なう。
②教室のソトの場面を持ち込む。

 (1)で、ロールプレイは所詮、演技なので、本物のコミュニケーションではなく、不自然さやわざとらしさがある、という批判があることをお話ししました。また、ロールプレイを、今後改善していくことが大切だという話もしました。では、一体、どのような改善を行なえばいいのでしょうか。
 ロールプレイには、上記の①と②が含まれているわけですが、このうち、②の方を思い切って取り除いてしまうというのはどうでしょうか。つまり、こういうことです。

・従来のロールプレイ＝①＋② ⇒ 「場面持ち込み」型ロールプレイ
・新しいロールプレイ＝① ⇒ 「現実そのまま」型ロールプレイ

 従来のロールプレイは、たとえば、「駅」だとか「美容院」だとか「友だちの家」だとかという教室外の場面を、教室の中に持ち込んでいるわけです。名付ければ、「場面持ち込み」型ロールプレイ、ということになります。一方、新しいロールプレイの方は、場所は「教室」で、役割も「自分自身」という、場面が「現実そのまま」というものです。名前は、「現実そのまま」型ロールプレイです。

(3)「場面持ち込み」型ロールプレイと「現実そのまま」型ロールプレイ

「場面持ち込み」型ロールプレイというのは、たとえば、次のようなものです。

- アパートの隣りの部屋の住人がうるさいので、苦情を言いに行く。
- 約束の時間に1時間遅刻してしまったので、事情を説明して謝る。
- 食堂で天丼を注文したのに、天ぷら定食が来てしまったので、とりかえてもらう。

これらは、本来「アパート」「待ち合わせの場所」「食堂」という、教室とはまったく関係のない場面を教室の中に持ち込んで、その場面での会話を行なっているわけです。

一方、「現実そのまま」型ロールプレイとは、たとえば、次のようなものです。

- あなたの趣味はサッカーです。Aさんの趣味もサッカーです。2人でいろいろ話をしてください。
- あなたは夏休みに北海道に旅行に行きました。Aさんも、夏休みに北海道に行ったそうです。北海道旅行について、2人で話をしてください。

ある人と偶然同じ趣味を持っていることがわかった時、その人と、その趣味について、すごく話がしたくなりませんか？　たとえば、私は魚釣りが好きなんですが、誰かと話していて、その人の趣味も魚釣りだとわかった時には、「いつもどこに釣りに行くんですか？」「川ですか、海ですか？」「どうやって釣るんですか？」「今まで釣った魚の中で、一番の大物は何ですか？」「大きさはどのぐらいでした？」「手応えはどうでした？　かなり引きました？」などというように、次から次へと、話したいこと、聞きたいことが出てくるのではないかと思います。上記の2つのロールプレイは、それをねらったものです。これだと、場面や役割を変えることなく、場所はその時にいる場所で、役割も自分自身のままでロールプレイを行なうことができます。

しかし、上記2つのロールプレイには大きな問題があります。それは、このロ

ールプレイを行なう人が本当にサッカーが好きか、あるいは、本当に北海道に行ったことがあるのか、ということです。サッカーが好きでもないのに、サッカーの話をさせられるのは不本意でしょうし、不本意なことをさせられたのでは、不自然でわざとらしい会話になってしまいます。だから、本当にサッカーが好きな人、あるいは、本当に北海道に行ったことがある人にしか、これらのロールカードは渡してはいけないということです。

　では、実際の授業では、どうすればいいのでしょうか。たとえば、今日は、『趣味は何？』という授業をするとします。まず最初に、クラスの学習者1人ずつに趣味を聞いていき、趣味が同じ人同士をペアにして上記のようなロールプレイを行なわせます。また、たとえば、『旅行大好き！』という授業を行なうとします。この時も、まず学習者たちに、これまでの旅行の経験を話させます。それから、同じ国、同じ都市に旅行に行った学習者同士をペアにして、お互いの旅行の経験を話し合わせます。

　これは、私自身の話なんですが、つい3年ほど前に、どういうわけか、はしかにかかってしまいました。その直後、たまたま知り合いの日本語教師に会った時に、その人も、わりと近い時期にはしかにかかっていたということを聞き、2人で話が大いに盛り上がりました。お互いの病気の経験を話し合わせる『同病相哀れむ……』などという授業も可能かもしれませんね。こういうのが、「現実そのまま」型ロールプレイです。

　「場面持ち込み」型ロールプレイを行なう動機は、「遭遇し得る場面だから」ということではないかと思います。一方、「現実そのまま」型ロールプレイを行なう動機は、「今ここにいる相手と話したいから」ということだと思います。したがって、ロールカードを作る時に教師が考えるべきことは、「場面持ち込み」型ロールプレイの場合は、「学習者が日常生活で遭遇し得る場面はどんな場面なのか」ということであり、「現実そのまま」型ロールプレイの方は、「どの学習者とどの学習者がどんな話題なら話し合いたいと思うだろうか」ということになります。これらのことをまとめたのが、次の表です。

第19章 ロールプレイ学入門

ロールプレイのタイプ	「場面持ち込み」型	「現実そのまま」型
現実の場	教室	教室
ロールプレイの場	教室以外・今ではない時	教室・今
ロールプレイを行なう動機	遭遇し得る場面だから（サバイバルのため：サバイバル型）	今ここにいる相手と話したいから（楽しみのため：エンジョイ型）
教材作りのポイント	学習者が日常生活でどんな場面に遭遇し得るのか	どの学習者とどの学習者がどんな話題について話し合いたいと思うのか

表1．2種類のロールプレイの特徴

「場面持ち込み」型ロールプレイの課題は、不自然さ・わざとらしさをどれだけなくせるか、ということです。学習者がいかにも遭遇しそうな場面を探し出してタスク化することで、かなり問題は解決するのですが、うまくいかないこともあります。たとえば、「美容院で希望のヘアースタイルを説明する」というロールプレイを行なう時に、お客さんの方のロールは問題ないのですが、店員の方のロールを学習者が行なうのは、やはり不自然です。

「現実そのまま」型ロールプレイの課題は、人はどんな時に「この人と話したい！」と思うようになるのかを、探り出すことです。とりあえず私が思いついたのが、以下のような時です。まだ他にも、いろいろあるだろうと思います。

・偶然同じ経験をしていることがわかった時（偶然同じ！）
・思わぬ告白を突然聞いた時（寝耳に水！）
・予想していたことと違うことを突然言われた時（話が違う！）
・自分にとって非常に重要な情報を持っていることがわかった時（教えて！）

(4) 進化するロールプレイ

必要な表現や文型を導入・練習しておき、それからロールプレイを行なわせるというのは、ロールプレイの最も一般的な方法ですよね。こういうロールプレイ

が、第1世代のロールプレイです。

　第2世代のロールプレイは、先にロールプレイを行ない、その際に必要になる表現や文型を後から導入する「タスク先行型ロールプレイ」です。「タスク先行型」という概念が出てくると、それまでのロールプレイが「表現先行型」だったんだ……ということがわかります。

　そして、第3世代のロールプレイが、この章で紹介した「現実そのまま型ロールプレイ」です。「現実そのまま型」という概念が出てくると、表現先行型ロールプレイにせよ、タスク先行型ロールプレイにせよ、それまでのものは「場面持ち込み型」だったんだ……ということがわかります。

　さて、第4世代のロールプレイは、どのようなものになるのでしょうか。このようにしてロールプレイは進化し、日本語教育の発展を支えていくのです。

column

テレビゲームと日本語学習

　これは、台湾在住の西川さん（仮名）から聞いた話です。西川さんには、日本語教師をしている宋さん（仮名）という台湾人の知り合いがいます。その宋さんの弟さんは、テレビゲームが大好きで、小中学生のころは、勉強そっちのけでテレビゲームばかりしていたのだそうです。台湾でも、日本と同様、テレビゲームが流行しています。しかし、台湾で出回っているゲームソフトはほとんどが日本のもので、しかも、翻訳が間に合わないせいか、画面に出てくる説明文は、ほとんど日本語のままなのだそうです。宋さんの弟さんは、日本語学習の経験はまったくないのですが、ゲームがしたい一心で、よくわからないながらも日本語で説明文が書いてあるゲームに熱中していました。そんな様子を見ていた宋さん、何と言っても、仕事が日本語教師ですから、非常に興味深く思い、日本語能力試験の受験を弟さんに勧めたのだそうです。「日本語なんて勉強したことがないから嫌だ！」と言って突っぱねる弟さんに無理やり能力試験を受けさせてみた結果、見事、4級に合格。勉強したという自覚がゼロですから、本人もまわりもすごく驚いたそうです……。

　この話、おもしろいと思いませんか？　おそらく、この宋さんの弟さんは、かなりの時間を日本語のゲームに費やしたでしょうし、それに、お姉さんが日本語教師ですから、ゲームをしている時に、お姉さんに言葉の意味を聞いたりしたこともあったのかもしれません。しかし、勉強したという自覚がゼロであるにもかかわらず試験に合格した、というのが示唆的だと思います。これを、何とか教授法に応用できないものでしょうか。

　そう言えば、台湾往復の機中、日本アジア航空のフライトアテンダントの名札には、日本語の能力別に、「日本語学習中」「日本語でどうぞ」などと書かれていました。何となくOPIっぽくておもしろかったです。

第3部　教材

第20章　タスク先行型ロールプレイ

「タスク先行型」の教え方を実行に移すための最も確実な方法が、タスク先行型ロールプレイです。「授業でロールプレイをしてみたけど、あまりうまくいかなかった……」という方も、「タスク先行型」でロールプレイを行なえば、必ずうまくいくようになります！

（1）ロールカード

　今日は、中級のクラスで、『デート』という授業をすることにします。具体的には、次のロールプレイを行ないます。

　　A：あなたは、同じクラスのBさんに好意を持っています。クラスメートなので、誘うのは少し恥ずかしいのですが、コンサートのチケットを2枚もらったからと言って、Bさんを誘ってください。
　　B：同じクラスのAさんに、コンサートに誘われます。しかし、Aさんにもコンサートにもあまり興味がありません。Aさんの気分を悪くしないように、うまく断ってください。

　つまり、AさんがBさんをデートに誘い、Bさんが断るわけです。このロールカードのポイントは、Bさんが断る、しかも、Aさんの気分を悪くしないように断る、というところです。まず、Bさんが断ることによって、Aさんのロールの難易度を、中級学習者に行なわせるのにふさわしいものにすることができます。もし、Bさんが簡単にOKしてくれるのなら、誘うのは、そう難しくはないでしょう。なかなかOKしないBさんを、手を変え品を変え、何とかデートに誘う、という役割を担わせるからこそ、Aさんのロールが中級学習者が挑戦するのにふさわしいものになるのです。

一方、Bさんのロールは、「Aさんの気分を悪くしないように」という一言によって、ぐっと難易度が上がっています。ただ断るだけなら、「嫌です。行きたくないです。」で済んでしまいますが、これからも毎日顔を合わせるクラスメートのAさんを傷つけないように断る、ということをしなければいけないとなると、そう簡単ではないですよね。そこがねらいなんです。もし、Aさんが誘い、BさんがOKする、というだけのロールだったとすると、中級向きではなく、初級向きのものになってしまいます。「Aさんの気分を悪くしないように、うまく断る」という1文を入れることによって、このロールカードが中級向きのものになっているのです。ロールカードを作成する時には、このような細かい配慮が必要になってきます。（このような、ロールカードを作成する上での注意点については、次章以降で述べていきます。）

(2) ウォームアップ

　それでは、授業に入りたいと思います。授業で、まず最初に行なうべきことは、「ウォームアップ」です。「ウォームアップ」については、第14章で詳しく書きましたが、そのポイントは、「表現」や「文型」ではなく、「話題」で「ウォームアップ」を行なうということです。たとえば、このロールプレイは、「デートに誘う」ということをするわけですから、おそらく「〜に行きませんか」とか「〜に行きましょうよ」という文型が必要になるであろうことが予想されます。そこで、従来のロールプレイ学習では、このような「〜に行きませんか」や「〜に行きましょうよ」などの表現をまず教えて、ドリルやパターンプラクティスなどで何度も練習し、その後で、このロールプレイを行なわせるわけです。

　しかし、タスク先行型ロールプレイでは、ロールプレイを行なう前に、表現や文型を教えることは一切しません。なぜなら、「話す」活動は、「状況に即して瞬時に判断を行ない、瞬時に反応する」という「出たとこ勝負」的なものであるので、ロールプレイにおいても、「状況に即して瞬時に判断を行ない、瞬時に反応する」という「出たとこ勝負」の経験をさせたいからです。これは、OPIでも、まったく同じです。OPIでは、「突き上げ」という少し難しめのタスクを課すこ

とによって、被験者の「出たとこ勝負」の能力を測定しています。

　OPIでも、「突き上げ」の前には、「レベルチェック」や「ウォームアップ」を行ないますが、それと同じように、タスク先行型ロールプレイにおいても、同じ話題で少し簡単なことを話させるという「ウォームアップ」を行ないます。『デート』についての「ウォームアップ」の例は、第14章で詳しく書きましたので、第14章の「(4) 授業への応用」を参考になさってください。

(3) ペアワーク

　「ウォームアップ」が終わったら、ロールカードを読ませて内容を確認し、それから、「ペアワーク」を行ないます。「ペアワーク」は、日本語の能力がだいたい同じぐらいの者同士でペアを作らせるとうまくいきやすいです。学習者の人数が奇数なら、教師もペア練習に加わってください。

　「ペアワーク」をしている時に、学習者たちの間違った日本語や不自然な日本語が聞こえても、訂正する必要はありません。コミュニケーションに支障をきたすほどの間違いであれば、相手が聞き返すでしょうし、それに、何よりも、学習者の間違った日本語をすぐに訂正してしまうということは、言い換えのストラテジーの練習を行なう機会を、学習者から奪ってしまうことにもなります。

(4) 発表・フィードバック

　「ペアワーク」が終わったら、1組ずつ、他の学習者たちの前で、そのロールプレイを演じさせます。そして、1組のロールプレイが終わるごとに、「フィードバック」をしていきます。具体的には、「言語的挫折」が起こったところを指摘し、そこにしかるべき表現や文型を導入していくわけです。

　次の会話をご覧ください。次の会話は、実際に、この『デート』の授業を行なった時の、中級クラスの学習者の会話例です。もしみなさんが、このクラスを教えている教師だったら、どの言語的挫折に対して、どのようなフィードバックを行ないますか？　考えてみてください。（ちなみに、Aが男性の学習者で、Bが女性の学習者でした。）

A01：あっ、B。
B01：あっ、Aさん。
A02：おはよう。
B02：おはようございます。最近はどう。
A03：うん、元気。
B03：元気ですか。
A04：Bは。
B04：うん、もちろん元気、ありがとう。
A05：ああ、そうですか、いっぱいテストがありませんか。
B05：そうですねえ、再来週はいっぱいあります。
A06：うーん、でもあとは夏休みですねえ。
B06：そう、でも、まだアルバイトは終わりません。
A07：ああ、うん、でも、たぶんそのアルバイトも休日がありますね。
B07：そうかなあ。
A08：うん、B、んまー、何の音楽、好きですか。
B08：そうねぇ、いろいろな音楽が好きです。でも、たくさん聞かない、でも。
A09：うん、その、その、実は、あ、私は、たまたま、その、ミュージカルの切符、が、もらって、あげ、あむあむ、くれました。
B09：ああ、そうですか、ミュージカル、何のミュージカルですか。
A10：はい、それは、あ、とても、アメリカでとても有名なミュージカル、それは、あ、コーリュウスライン。
B10：あ、コーラスライン。
A11：はい、そうです。
B11：ああ、いつもニューヨークでやっていますねえ。
A12：はい、そう、たぶん。
B12：はい。
A13：Bは、私に一緒に行きたいんですか。

B13：そうですねー、でも、いつごろですか。
A14：うん、それは、たぶん、んー、その8月、あー、7日と思います。
B14：7日。
A15：はい。
B15：あーそうですか、ああ、その日は私の両親の結婚記念日です。そして、あの、どっかへ旅行にします。そして私は、あの、家で留守番しないといけない。子供、2人、まだいます、あの両親の。
A16：んーそうですか、んー。
B16：そう。
A17：どうしようね。
B17：ちょっと世話しないといけません。
A18：でも、たぶん、他の人は世話、し、して、あー、もいいですか。
B18：そうかなー。
A19：たぶん。
B19：私も、祖母に聞いたら、でも。
A20：でも、そのほんとに、あー、偶然、そのカードはとても高い、でですから、たぶん、あーん、それは、もしもし、Bは行き行きませんは、ほんとに、さんねんです。
B20：はは、ありがとう。あの、そうねー、でも、その日は、まだ、ちょっと、とおいです、でしょう。そしてまだ、わか、あとで両親と話したら、と、まだわからないけど、あとで考えておきますねー。
A21：うーん、そうでも。
B21：そ、でも、いつ、あの、切符は、今ありますか、ありますか。
A22：はい、あります。
B22：はい。
A23：でも、あん、たぶん、もし、あー、Bさんはその、あん、日ほんとに時間が、あー、あれないです。たぶん、もう、もらっもらっ

>
> てもいいです。
> B23：ああ、
> A24：から、たぶん、あー、ゆっくり、あん、ご両親と一緒にご相談してください。
> B24：そうですね、じゃあ、私は1週間ぐらい、考えてお、あ、考えてもいいですか。
> A25：ああ、もちろん、はい。
> B25：はい、そ、後で電話します。
> A26：うん。
> B26：あの。
> A27：はい。
> B27：じゃあ。
> A28：わかりました。
> B28：はい、じゃあ、ありがとう。
> A29：うん。
> B29：じゃ、またね。
> A30：そう、またね。
> B30：さようなら。
> A31：さようなら。

　いかがでしょうか。「言語的挫折」が見つかりましたか？　もし私が教師だったら、次のようなフィードバックを行なうだろうと思います。

　まず訂正したいのは、A13の「私に一緒に行きたいんですか。」という文です。これでは、とても誘っているとは思えませんよね。ここで、「一緒に行きませんか」「一緒に行きましょうよ」などの文が言えるように、「～ませんか」「～ましょうよ」という文型を導入します。「デートに誘う」ことが、このロールプレイの目的なのですから、Aさんにとっては、この文が最も大切な文のはずです。

　また、A09で「実は、あ、私は、たまたま、その、ミュージカルの切符、が、

もらって、あげ、あむあむ、くれました。」と言っていますよね。やりもらい表現の使い方がうまくいってないようですから、「あげる」「もらう」「くれる」の使い方を図か何かで示し、整理してあげたいところです。

　他にも、以下のようなフィードバックを行なうだろうと思います。A18の「他の人は世話、し、して、あー、もいいですか。」に対して、「誰かに世話をお願いできませんか。」「誰か世話をしてくれる人はいないんですか。」「他の人に世話をしてもらうわけにはいかないんですか。」などの文を導入します。A20の「もしもし、Bは行き行きませんは、ほんとに、さんねんです。」に対しては、「もしBが行けないのなら、本当に残念です。」という文を導入します。

　訂正すべきところをすべて訂正しようとすると、きりがありませんので、「デートに誘う・断る」というタスクを遂行する上で重要になるであろう表現や文型を、優先して導入するようにします。

　フィードバックの基本は、言語的挫折に対して行なう、つまり、不自然な部分や間違っている部分を訂正するということなんですが、しかし、学習者が「いい表現」を使用した時にも、それに注目させるようにするべきです。たとえば、先ほどのAさんが、もし仮に、「私に一緒に行きたいんですか。」と言わずに、「私と一緒に行きませんか。」と言っていたとしたら、「この表現はよかったですね〜」などと言いながら、その表現を板書します。そうすると、まず、当のAさんは、ほめられて気分が悪いはずはありませんし、さらに、そのロールプレイを聞いていた他の学習者の中には、「ああ、なるほど、こう言えばいいのか。私はうまく言うことができなかった……」と思う人がいるかもしれません。つまり、ロールプレイを見ていた人の潜在的な言語的挫折を、うまく指摘したことになるのです。こういうのは、誰も傷つけない巧妙なフィードバックだと思います。

　特にタスク先行型ロールプレイを始めたばかりのころは、いい表現の指摘を多くする方が、授業がうまくいくだろうと思います。

　タスク先行型ロールプレイの方法については、拙著『ロールプレイで学ぶ中級から上級への日本語会話』（アルク）に詳しく書きましたので、興味のある方はご覧になってください。

column

実用化こそが発明

　ちょっと唐突な質問ですが、蒸気機関を発明したのは誰か、ご存じでしょうか？　蒸気機関を発明したのは、一般に、ワットあるいはニューコメンだと考えられていますよね。しかし、蒸気機関の原理そのものは、ローマ時代にすでに明らかにされていたのだそうです。ワットやニューコメンは、要は、実用化に成功しただけのことです。しかし、その「実用化」こそが重要で、世の中の人は、その「実用化」こそを「発明」と呼ぶのではないでしょうか。ニューコメンとワットを比べると、ワットの方が有名だと思いますが、歴史上での登場はニューコメンの方が早く、ワットはニューコメンの蒸気機関を改良し、実用化の度合いを高めただけだそうです。実用化を伴わない発明はあり得ない、実用化こそが発明だ、ということです。

　OPIのいい点も、すでに実用化されているということです。あまり知られていないことなのですが、OPIの生みの親であるACTFLは、実は、「話す」技能についてだけではなく、「聞く」「書く」「読む」という技能についての評価基準も作っています。しかし、テストとして実用化されているのが、今のところ「話す」だけなのです。また、外国語の教授法についても、ナチュラル・アプローチ、TPR、CL/CLL、サイレントウェイなど、様々なものがありますが、それらの中で実用化されているもの、つまり、その教授法の、初級から上級までのテキストが実際に作られているものは、かなり少数なのではないかと思います。大多数の教授法は、理論はあっても実用化はされていないわけですから、まだ本当の意味での「発明」とは言えないのではないかと思います。実際にテキストを作りあげた人が、その教授法の本当の創始者だ、ということになるのかもしれませんね。

第3部　教材

第21章　初級のロールプレイ

会話能力向上のための活動には、ディベートやディスカッションなどがありますが、それらの中で最も手軽で、かつ効果的なのがロールプレイです。クラスの人数が多くても少なくても大丈夫。短い時間でもOKです。また、初級のクラスにもうまく取り入れることができます。

(1) 初級のロールプレイとは

　初級学習者に適したロールプレイとは、どのようなものなのでしょうか。OPIの評価基準を参考にして、ごく大雑把に考えると、初級の学習者とは、まだ1文をしっかり言い切って話すことができず、単語の羅列でしか話ができないようなレベルの学習者のことです。ですから、初級クラスにおける日本語教師の仕事は、単語レベルでしか話のできない初級の学習者を、文レベルで話ができるようにさせるということです。

　つまり、初級の学習者には、文レベルで話が進んでいくようなロールプレイをどんどん行なわせ、文レベルの会話ができるようにすればいいということです。少し難めのロールプレイを行なわせるのが、「タスク先行型」の考え方でしたよね。OPIで言う「突き上げ」を行なうわけです。

(2) サバイバル型のロールプレイ

　この本の第5章で、OPIの中でもロールプレイを行なうということを書きました。OPIの中級レベルのロールカードの中には、そのまま初級の授業で使えるものもありますので、参考のために、いくつか紹介したいと思います。ただ、初級と一口に言っても、かなり幅が広いので、このようなロールカードを使うことができるのは、入門期を通り過ぎたレベルだと考えた方がいいかもしれません。

第21章　初級のロールプレイ

①新しいアパートに引っ越してきました。ゴミの捨て方がわかりません。隣りの人にいつ、どこにゴミを出すのか聞いてください。
②先週授業を休んでしまいました。今週テストがあります。友だちにノートを借りてください。
③レストランで食事をしましたが、忘れ物をしてしまいました。レストランに電話をしてください。
④あなたはハンバーガー屋のアルバイトの面接に行きます。店の人にいろいろ質問してください。

　中級レベルのロールカード、つまり初級クラスで使えそうなロールカードがどのようなものか、だいたいおわかりいただけたでしょうか。①～④のロールプレイで扱われている状況は、どれも、日本で生活していれば実際に起こり得るような状況です。日本で生活していくために必要な状況を扱うこれらのロールプレイは、いわば「サバイバル型のロールプレイ」であり、学習者にとっては、非常に役に立つロールプレイです。ただし、どれも、あまり「楽しい会話だ！」という感じはしないかもしれませんね。

　授業でサバイバル型のロールプレイを行なう時には、いかにもあり得そうな場面を扱うことが重要です。たとえば、最近では、留学生の大部分は携帯電話を持っていますし、また、パソコンやデジタルカメラなどを買うことも多いのではないかと思います。だから、たとえば、これらの購入に関するロールプレイなども、サバイバル型のロールプレイとして、適しているだろうと思います。このように、学習者の日常生活について考え、ロールプレイのネタを見つけ出していくことが必要になってきます。

　サバイバル型のロールカードを作るコツは、場面依存的な会話を考えるということです。場面に依存した会話は、場面に依存しない会話よりも簡単なので、初級に適していると言えます。

　「中国の食堂で食事を注文する」という会話と、「中華料理が健康にいいかどうかを議論する」という会話がどう違うか考えてみてください。前者の会話の場

は、中国の食堂という場所に限られ、中華料理のメニューや食堂の店員はもちろんのこと、厨房から匂ってくる食欲をそそる香りなどがあるという状況でのみ成り立つ会話です。しかも、時間は、昼か夜の食事時に限られます。しかし、一方、後者は場所や時を選びません。つまり、前者は、場面に強く依存している会話であり、後者は、場面にほとんど依存していない会話だということです。やはり、場面に依存していない「中華料理が健康にいいかどうかを議論する」という会話よりも、場面に依存した「中国の食堂で食事を注文する」という会話の方がずっと簡単だと思いませんか？

　ここで、もう1つ付け加えておきたいことは、場面依存的な会話をする場合には、その場面をよく知っている方が有利だ、ということです。たとえば、中国のことをまったく知らず、中国語もほとんどできずに初めて中国に行く田中さんという人のことを考えてみてください。田中さんは、中国の事情も中国語もほとんどわからないわけですから、地下鉄に乗ったり、食堂に入ったりするだけでも、すごく困るだろうと思います。しかし、1～2回地下鉄に乗り、1～2回食堂に行けば、多少勝手がわかり、それらがあまり苦にならなくなるのではないかと思います。地下鉄に乗ることや食堂に入ることが、なぜ苦にならなくなるのかというと、田中さんの中国語が上達したからではなく、中国の地下鉄や食堂という場面に関する知識が蓄積されたからだと考えられます。つまり、語学能力自体の向上がなくても、その場面のことがよく理解できるようになりさえすれば、会話がかなりうまくいくようになるということです。

　だから、日本語のクラスでも、日本の地下鉄・バスの乗り方、カラオケボックスや美容院の利用の仕方、日本人の家への訪問の仕方などを、積極的に教えていく方がいいということです。こういうのは、かなり実用的な「日本事情教育」になるのではないかと思いますが、いかがでしょうか。

（3）エンジョイ型のロールプレイ

　ロールプレイのもう1つのタイプは、「エンジョイ型のロールプレイ」です。サバイバル型のロールプレイが、何らかの必要に迫られて会話をするものである

のに対して、エンジョイ型のロールプレイは、「必要に迫られてはいないが楽しむために会話をする」というものです。エンジョイ型のロールプレイは、第19章でお話しした「現実そのまま」型ロールプレイと、だいたい同じものです。たとえば、以下のようなロールプレイです。

⑤あなたは日本の漫画が大好きです。Ａさんも、日本の漫画が大好きだそうです。2人で、日本の漫画について話をしてください。
⑥あなたは最近、ノートパソコンを買いました。Ａさんも、最近、ノートパソコンを買ったそうです。どこでどんなノートパソコンを買ったのかなど、2人でいろいろ話をしてください。
⑦親友のＡさんに恋人ができました。あなたは、今日そのことを聞いたので、すごくびっくりしました。Ａさんにいろいろ聞いてください。
⑧あなたがすごくほしいと思っていたデジカメを、友だちのＡさんが最近買ったそうです。Ａさんのデジカメについて、いろいろ聞いてください。

エンジョイ型のロールプレイをさらに分類すると、（ちょっと変なネーミングかもしれませんが）⑤⑥が「偶然同じ」型、⑦⑧が「寝耳に水」型になります。さきほど、場面依存的な会話は簡単だということを書きましたが、⑤⑥のロールプレイのように、知識や情報や状況をお互いが共有しているような会話、つまりインフォーメーションギャップが少ないような会話は、やはり簡単なのではないかと思います。また、逆に、⑦⑧のように、知識や情報や状況をまったく共有していない会話も、わりと簡単なのではないかと思います。

たとえば、意識を回復した記憶喪失の人のことを想像してみてください。おそらく複雑な質問はほとんど出ずに、「ここはどこ？」「私は誰？」「今はいつ？」というような、非常にシンプルな質問が出るのではないでしょうか。飲み過ぎて記憶のなくなった次の日も、似たような状況になるかもしれませんね。「ここはどこ？」「私はどうしてここにいるの？」「私は昨日何をしたの？」などという具合です……。

エンジョイ型のロールカードを作る時に気をつけなければいけないことは、文

を超えるレベル、つまり、段落レベルの話をさせるようなロールプレイにしないということです。会話自体が楽しくなるようなロールプレイを考えようとすると、どうしても話が高度なものになってしまいがちです。初級のエンジョイ型のロールカードを作る時のポイントは、長く複雑な発話をさせることなく、1問1答レベルのシンプルなやりとりで話が盛り上がるような状況設定をするということです。

　また、エンジョイ型ロールプレイのロールというのは、第19章で書いた「現実そのまま」型ロールプレイと、かなりの部分、オーバーラップします。第19章で、「現実そのまま」型ロールプレイのロールは架空のものであってはならない、ということを書きましたが、エンジョイ型ロールプレイについても、同じことが言えます。1人1人の学習者の属性や価値観がそのまま表れているロールを、うまく、それぞれの学習者に割り当てるような工夫が必要です。

　いろいろ難しいことはありますが、エンジョイ型の楽しいロールプレイは、どのテキストを見てもほとんど載っていません。ですから、これから挑戦して作っていく価値は、十分にあるだろうと思います。

（4）入門期のロールプレイ

　入門期の学習者のためのロールプレイを考えるというのは、実は、かなりの難題です。ロールプレイとは、言葉のキャッチボールがある程度できるようになって、初めて可能になるものなので、それができる以前の学習者がロールプレイを行なうということは、ロールプレイの性質上、そもそも無理なことなのです。OPIにおいても、ロールプレイは「初級—上」以上の被験者には必ず行なわなければならない、というルールがありますが、これは、裏を返せば、「初級—下」「初級—中」の被験者にはロールプレイを行なわせないということです。

　以下は、私が考えた入門期用のロールプレイです。ロールプレイというよりは、「場面を細分化した応答練習」と言った方がふさわしいかもしれません。授業のタイトルは、『レストランに行こう！』です。

　まず、ウォームアップとして、ステーキ、ハンバーグ、エビフライ、焼き肉、

第21章　初級のロールプレイ

刺身、天ぷら、牛丼、ラーメンなど、いかにも美味しそうな食べ物の写真を見せ、「知っていますか？」「これは何ですか？」「どれが好きですか？」などと聞いていきます。このようにして、学習者の頭の中を美味しそうな食べ物のことで一杯にします。

次に、学習者を1人か2人、前に出して、「ここはレストランだ」ということを説明します。そして、「レストランのドアを開けてください。」と学習者の母語で書かれたカードを、教師が手で持って学習者に示し、ドアを開けるふりをさせます。その後、店員役の教師が「何名様ですか？」と聞き、学習者に答えさせます。学習者が答えたら、教師は「こちらにお座りください。」と言い、椅子（レストランの椅子に見立てたもの）に座らせ、メニューを渡します。

次に、「食べたいものが決まりました。店の人を呼んで注文してください。」と学習者の母語で書かれたカードを見せ、店の人を呼ばせます。うまく呼べたら、教師が近くに行き、注文を聞きます。その後、「水を全部飲んでしまいました。もっと飲みたいです。店の人を呼んで、水をもらってください。」「1度注文しましたが、もっと注文したいです。もう1度メニューをもらって、注文してください。」「食事が終わりました。伝票を持ってレジに行き、何か言ってください。」「クレジットカードでお金を払いたいです。クレジットカードが使えるかお店の人に聞いてください。」などのカードを見せ、答えさせていきます。

一通り終わったら、次の学習者を前に出し、同じことを繰り返します。2回めか3回めになると、カードで指示を出さなくても、学習者が自ら会話を進行していってくれるようになるのではないかと思います。

入門期のロールプレイを考えるコツは、「(単語)＋です。」や「(単語)、お願いします。」というような単語が中心となっている文と、「すみません。」や「ごちそうさまでした。」などの決まり文句だけで、タスクが遂行できるようなものにするということです。入門期の学習者は「文」どころか「単語」も満足に言えないわけですから、このようなロールプレイを行なわせることによって、単語や決まり文句のレパートリーを増やしていくことを目標にするわけです。

第3部　教材

第22章　中級のロールプレイ

中級の学習者は「ある程度話せるようになった！」という達成感を感じていることが多く、そのためか、能力の伸びが止まってしまうことも非常に多いです。しかし、心配はまったく無用。タスク先行型ロールプレイの威力が最も発揮されるのが、実は、中級なんです！

（1）中級のロールプレイとは

　中級クラスで扱うのにふさわしいロールプレイとは、上級レベルのロールプレイです。少し難しめのタスクを与えることによって、学習者の能力を伸ばしていくというのが、「タスク先行型」の考え方でしたよね。できることがわかりきっているタスクを与えられるよりも、少しがんばれば何とかなるかもしれないと思えるぐらいの少し難しめのタスクを与えられる方が、人間、やる気が出るものです。

　それでは、上級レベルのロールプレイとは、一体どのようなものなのでしょうか。中級レベルのロールプレイは、学習者に「文」を言わせるものでしたが、上級レベルのロールプレイは「段落」を言わせるものです。「段落」を言わせるということは、つまり、ある程度まとまった量の話をさせるということです。ある程度まとまった量の話ができるようになると、毎日の生活の中で、かなりいろいろなことができるようになります。

　たとえば、ある学習者が映画を見たとします。もし、その学習者が「文」でしか話ができないとすると、言えることはだいたい「私は先週の日曜日に映画を見ました。」「映画の名前は『タイタニック』です。」「すごくおもしろかったです。」といった程度です。しかし、その学習者が「段落」で話ができる学習者だとすると、「ある若者が大きな船に乗って、そこで、身分の高い女性と出会って恋をし

て、両手を伸ばして船の一番前に立ったりするんですが、結局、その船が沈んでしまいます。そして、女性は助けられたんですが、若者は海に沈んで死んでしまいました。」というようなことが言えたりします。

　このような能力は、実際の生活においても、ダイレクトに役立つものです。たとえば、映画館で見た「タイタニック」が非常におもしろかったので、家でもう１度ゆっくり見たいと思い、レンタルビデオ屋に行って「タイタニック」を借りて来る、というような場面を考えてみます。普通なら、並んでいるビデオの中から、「タイタニック」というタイトルのものを探して来ればいいんですが、その人が、たまたま「タイタニック」という名前を度忘れしてしまい、ビデオを見つけることができなかったとします。そんな時に、レンタルビデオ屋の店員に対して、「すみません。借りたいビデオがあるんですが、名前を忘れてしまいました。その映画のストーリーは……というようなものです。探して来てもらえませんか。」と、先ほどのように映画のストーリーを説明すれば、おそらく、無事「タイタニック」のビデオを借りることができるのではないかと思います。

　つまり、「段落」でまとまった話ができる学習者は、仮に、映画の名前を度忘れしてしまうというような「普通ではない状況」に出くわしてしまったとしても、無事、初期の目標を達成できる可能性が高いということです。我々日本語教師がしなければいけないことは、「文」でしか話ができない中級学習者を、「段落」で話ができる上級話者にするということです。ロールプレイは、そのための非常に有力な方法の１つです。

(2) サバイバル型のロールプレイ

　第21章で、初級のロールプレイには「サバイバル型」のものと「エンジョイ型」のものがあることをお話ししましたが、中級のロールプレイにも、同様に、サバイバル型とエンジョイ型があります。

　中級のサバイバル型のロールプレイのキーワードは、「普通ではない状況」です。しかし、「普通ではない状況」といっても、何かとんでもない事件が起こるわけではありません。少し普通ではない出来事が起こっていれば、それでOKで

す。たとえば、次の「デートに誘う」というロールプレイを見てください。「デートに誘うことなんてサバイバルではないだろ！」と思われる方がいらっしゃるかもしれませんが、まあ、そう堅いことは言わずに、恋も1つのサバイバルだと考えてください。

　①A：あなたは、同じクラスのBさんに好意を持っています。クラスメートなので、誘うのは少し恥ずかしいのですが、コンサートのチケットを2枚もらったからと言って、Bさんを誘ってください。
　B：同じクラスのAさんに、コンサートに誘われます。しかし、Aさんにもコンサートにもあまり興味がありません。Aさんの気分を悪くしないように、うまく断ってください。
　　　（『ロールプレイで学ぶ中級から上級への日本語会話』（アルク）より）

　誰かをデートに誘っても断られてばかりだ！　という、私と同じような不幸な境遇（？）の方もいらっしゃるかもしれませんが、誘われたらOKし、また、誘う方も、相手がOKしてくれるだろうと思って誘う、というのが、「誘う」という行為の最も「普通」のあり方だと思います。逆に言えば、誘われてもOKしなかったり、OKしてくれないだろうと思いつつ誘ったりするというのは、「普通ではない状況」だということです。このロールプレイは、その意味で、中級クラスで扱うのに適したロールプレイだと言えます。

　言語活動の難易度ということを考えてみても、誘われてすんなりOKするよりも、相手を傷つけないように断る方が、難易度は高いと思います。同様に、OKしてくれることがほとんどわかっていて誰かを誘うよりも、おそらくOKしてくれないだろうと思いつつも誘うという方が、明らかに難しいですよね。先ほどのロールプレイのBさんを、次のB'さんと置き換えてみてください。

　B'：同じクラスのAさんに、コンサートに誘われます。あなたは、ぜひ一緒に行きたいので、待ち合わせの場所と時間を話し合って決めてください。

　Bさんは、Aさんの誘いを断りますが、一方、B'さんは、Aさんの誘いをすん

なり受けることになります。もしみなさんが誘う立場だったら、Bさんを誘うのと、B'さんを誘うのとでは、どちらが難しいと感じるでしょうか。また、誘われる立場だったら、Bさんの役を演じるのとB'さんの役を演じるのとでは、どちらが難しいと感じるでしょうか。おそらく、どちらも前者の方が難しく感じられるのではないかと思います。

また、「普通ではない状況」を扱うロールプレイを考えようとすると、どうしても「暗い」ものになってしまいがちなので、できるだけ「明るく楽しい」ロールプレイを考えることも大切なことだと思います。以下のカードは、OPIで用いられているものです。

　②あなたは旅行に行って、そこの有名なお菓子を買いました。でも、古くなっていて、食べられません。お菓子を買った店に電話してください。
　③あなたは駅の前に自転車をおいておきましたが、いま見あたりません。警察に行って話をしてください。

お菓子が腐っていたり、自転車がなくなったり、どちらもあまり「明るく楽しい」話題ではないですよね。OPI用のロールカードは他にもたくさんありますが、概してあまり明るくないものが多いです。授業の時には、このようなものだけでなく、もっと「明るく楽しい」ロールプレイも扱うように心がけるべきだと思います。

(3) エンジョイ型のロールプレイ

エンジョイ型のロールプレイは、サバイバル型のロールプレイとは違って、どうしてもその会話をしなければならないというものではなく、ただ楽しむためだけに会話をするというものです。ですから、まず「明るく楽しい」ことが絶対条件です。また、もう１つ必要になるキーワードが「詳細な叙述」です。中級学習者が上級になるためには、「段落で話ができる」ことが必要になりますが、詳細な叙述をするということは、段落で話すということと密接に関連しています。詳細な叙述をするためには、どうしても段落レベルでの発話が必要になるので、詳

細な叙述をする練習を重ねていけば、自然に段落で話ができるようになるということです。

たとえば、以下のようなロールプレイが、中級のエンジョイ型のロールプレイです。

④A：街でおもしろいファッションをしている若者を見かけました。Bさんに電話をして、その若者の髪型・服装がどんなふうだったのか、説明してあげてください。

　B：あなたは、若者のファッションにとても関心があります。Aさんがおもしろいファッションの若者を見たと言っています。くわしく聞いてください。

　　　　（『ロールプレイで学ぶ中級から上級への日本語会話』（アルク）より）

⑤A：来月、友達と二人で、Bさんの出身地を旅行します。その土地の有名なものや、気をつけたほうがいいことなど、Bさんにいろいろ聞いてみてください。

　B：来月、Aさんが、あなたの出身地に行くそうです。あなたの出身地のことを、いろいろAさんに教えてあげてください。

　　　　（『ロールプレイで学ぶ中級から上級への日本語会話』（アルク）より）

④のロールプレイのAさんは、その若者のファッションについて、かなり「詳細な叙述」をする必要がありますし、同様に、⑤では、Bさんが、自分の出身地について「詳細な叙述」をする必要があります。

また、これは、どのようなロールプレイについても言えることなんですが、どちらか一方のロールが難しくなり、もう一方のロールが簡単になってしまうということがあります。この④と⑤もそうですよね。このようなロールカードを使う場合には、ペア練習をさせる際に、一通り練習が終わったら、ロールを交代させて、もう1度練習をさせたらどうでしょうか。あるいは、④のロールプレイなら、AもBも、どちらもおもしろいファッションの若者を見たことにし、どちらも自分が見たファッションについて説明することにする、⑤のロールプレイな

ら、お互いがお互いの出身地に旅行に行き、お互いに説明し合う、というようにする、というのはどうでしょうか。

(4) 練習問題！

次の3つのロールカードは、OPIワークショップの受講生が作ったものです。中級クラスで使うものとしてふさわしいかどうか、考えてみてください。

⑥今日は友人の誕生日パーティーで、ピザの宅配を頼みました。30分以内に来る約束でしたが、40分たってもピザが来ません。ピザ屋に電話して、状況を聞きなさい。広告には30分以内に届かなければ無料になると書いてあります。

⑦あなたは昨日美容院でパーマをかけました。とても気に入っていましたが、今朝起きたらパーマがとれてしまっていました。美容院に電話して、無料でパーマをかけ直してくれるよう頼みなさい。

⑧就職の面接に出かけたあなたは紹介状を忘れたことに気付きました。ルームメイトに電話して、紹介状をしまった場所を説明し、面接場所に届けてくれるよう頼んでください。ルームメイトは今卒論でとても忙しくしています。

まず、⑥と⑦は、もっと難しくした方がいいと思います。⑥は、「30分以内に来たが、ピザが冷めていたので無料にしてもらう」とでもすれば、中級クラスで行なうのに、よりふさわしいものになります。また、⑦については、もし翌日にパーマが完全にとれてしまったのなら、無料でかけ直してもらうのは当たり前なのではないかと思います。だから、「昨日はいいと思ったが、今朝起きたら、ずいぶんイメージと違っていた」という状況設定で、無料でかけ直してもらえるように掛け合う、とでもするのはどうでしょうか。

⑧は、基本的にOKだと思います。しかし、「けんかをしてしまったため、ルームメイトとは3日前から口を利いていません。」などという条件もつけた方が、難易度が上がり、中級クラスで行なうのに、よりふさわしいものになるのではないかと思います。

第3部　教材

第23章　上級のロールプレイ

初級、中級、上級と進むにつれて、学習者の能力の伸びはだんだん鈍くなっていきます。しかし、上級学習者の能力を伸ばしてこそ、プロの日本語教師です。この章では、上級学習者の能力をさらに伸ばすための方法について解説します。ぜひ、授業で試してみてください。

(1) 上級のロールプレイとは

　上級学習者の能力をさらに伸ばすためのロールプレイ、つまり、上級学習者を超級にするためのロールプレイが扱う内容は、以下の2つです。

a. 話し方のスタイルを変えさせる
b. 裏づけのある意見を言わせる

　この2つは、OPIの超級話者がクリアしなければならない基準です。ですから、これらを扱うロールプレイは、基本的に超級レベルのものであると言えます。この本ではもう何度も説明していますが、OPIの考え方を生かしたタスク先行型の教授法では、学習者の能力よりも少し高めのタスクを与えることを考えます。つまり、上級の学習者には、超級レベルのタスクを与えるということです。

　「a. 話し方のスタイルを変えさせる」ことと「b. 裏づけのある意見を言わせる」ことの共通点は、非常に広い範囲の発話を細やかにコントロールしなければならない、ということです。「話し方のスタイルを変える」というのは、たとえば、あまり親しくない目上の人と話す場面を考えてみるとわかりやすいです。たとえば、こんなふうに話しますよね。

①明日、もし先生がお宅にいらっしゃるのであれば、私がその本をお宅までお

持ちしますが、もしいらっしゃらないようでしたら、後日、郵送させていただこうかと思うのですが、いかがでしょうか。

敬語がたくさん使われているということはすぐにわかると思いますが、この文から敬語を取り去ったものが、次の②です。

②明日、もし先生が家にいるのであれば、私がその本を家まで持って行きますが、もしいないのなら、後で、郵送しようと思うのですが、どうでしょうか。

②を①に変えるためには、「家→お宅」「いる→いらっしゃる」「持って行く→お持ちする」「郵送しよう→郵送させていただこうか」「どう→いかが」というように、尊敬語、謙譲語、丁寧語を使いこなさなければいけません。また、それだけでなく、「後で→後日」というように、少し堅い表現を使ったり、逆に、「いないのなら→いらっしゃらない<u>よう</u>でしたら」というように、「ようだ」を使ってやわらげたりするというような、広い意味での待遇表現を使うことも必要になります。

そして、この文だけでなく、その場面でその相手に対して発せられる文はすべて、このように、スタイルが塗り替えられている必要があります。かなり広い範囲での、かなり繊細な発話のコントロールが行なわれていると思いませんか？

発話のスタイルを変化させる時と同様、「裏づけのある意見」を言う時にも、非常に広く、かつ、繊細な発話のコントロールが必要になります。第16章でも挙げた例ですが、次の被験者の発話は、裏づけのある意見を言っているものです。まず、一見しただけでも、この発話がかなり長いということがわかりますよね。

③テスター：朝ご飯は、パンとご飯とどちらがいいと思いますか。
　被験者：パンの方がいいと思います。というのは、現代人の生活は非常に忙しく、朝ゆっくり食事ができる人が、ほとんどいないからです。パンはご飯よりも手軽なので、短時間に朝食をとりたいと思う現代人

には最適です。しかし、もちろん、栄養のバランスを考えると、ご飯を食べるべきかもしれません。パンを食べると、どうしてもバターやマーガリンなどで脂肪分を摂取してしまいますし、野菜を食べることが少なくなるため、ビタミンも不足しがちです。結局、栄養のバランスやカロリーなどを考えるとご飯だが、手軽さを考えるとパン、ということになるのでしょうが、栄養の面は工夫次第で改善できる可能性があります。最善の策ではないかもしれませんが、栄養面に十分配慮しながら短時間にパンで朝食を済ます、というのが現代人の生活には合っていると思います。

この被験者の発話は、「意見（パンの方がいいと思います）→理由（というのは、～）→視点を変える（しかし、～）→結論（結局、～）」というような構成になっています。つまり、この発話はただ長いだけでなく、きめ細かく構成されたものでもあるということです。先ほどの①の発話と同様、かなり広い範囲で、細やかに発話がコントロールされているということがわかるのではないかと思います。どちらも、まさに「超級」と呼ぶにふさわしい発話ですよね。

（2）スタイル変化のロールプレイ

発話のスタイルを変化させるロールプレイの代表的なものは、敬語を話させるためのロールプレイです。OPIの超級のインタビューでも、必ず敬語を話させるロールプレイを行なうのですが、かなり失敗の多い、厄介なロールプレイであると言えます。授業では、たとえば、以下のようなロールプレイを行なわせればいいのではないかと思いますが、いかがでしょうか。

④A：あなたは、今晩、友人の山本修と一緒に食事をする約束をしていましたが、残業のため、行けなくなってしまいました。山本君の会社に電話をして、そのことを伝えてください。もし山本君がいなければ、伝言を頼んでください。山本君は、田中産業の総務課で働いています。

B：あなたは、田中産業の総務課で働いています。同じ課の山本修は、今日

は、取引先との打ち合わせがあるため、夕方まで帰ってきません。山本修に電話があった場合は、用件を聞いておいてください。

⑤A：あなたは大阪金属の社員です。あなたの会社は、油なしで野菜や肉をいためることができ、また、水なしで卵をゆでたりすることができる新しいフライパンを開発しました。東京デパートの販売課長に電話をして、新しいフライパンを店頭に置いてもらえるよう、頼んでみてください。もちろん、あなたと東京デパートの販売課長とは面識はありません。

B：あなたは東京デパートの販売課長です。いろいろなメーカーから、商品を売り込むための電話がかかってきますが、あなたは、できるだけよく売れる商品を店頭に置きたいと思っています。メーカーの人から電話がかかってきたら、売れる商品かどうかを見極めるために、その製品についていろいろ質問してください。

⑥A：あなたは東西大学の研究生になりたいと思っています。指導教官は小林教授になってもらいたいと思っています。小林教授とは、まったく面識がありませんが、自宅に電話をして1度会ってもらえるように頼んでください。もし小林教授が留守だったら、家の人に用件を伝えてください。

B：あなたは小林教授の妻（夫）です。小林教授は、学会出張のため、あさってまで帰ってきません。もし小林教授に電話があったら、用件を聞いておいてください。

敬語を使わせるためのロールカードを作るポイントは、会話の相手を「ソトの人」にするということです。日本語の敬語使用においては、「上下」という基準よりも、「親疎」という基準の方が、より重視されて用いられます。ですから、目上の人であっても、非常に親しくなってしまえば、敬語は使わなくなります。たとえば、自分の親に対して敬語を使わないというのは、その典型だと言えます。会社の上司や、大学の先生が相手であっても、非常に親しくなると、（デス・マス体では話しますが）敬語はそれほど使わなくなります。

ここでは、例として3つのロールプレイしか挙げていませんが、この3つからでも、いろいろなバリエーションを考えることができます。④のバリエーションとしては、「取り引き先に電話して伝言する」というパターンで、たとえば、「事故のため、約束の時間に遅れてしまいそうだということを連絡する」などのロールプレイが考えられますし、⑤のバリエーションとしては、「メーカーと販売店との間のやりとり」というパターンで、たとえば、「納期に間に合いそうにないので、納期の延期に関する交渉をする」などというロールプレイが考えられます。また、⑥のバリエーションとしては、「本人ではなく、その家族と話す」というパターンで、「ぐでんぐでんに酔っ払ってしまった上司を家まで送り、家の人に状況を説明する」などというロールプレイが考えられます。

　あるいは、④のロールプレイを行なった後で、「山本君からAさんに電話がかかってきた」という状況設定をして、普通体で話させることを目的としたロールプレイを行なわせてもいいだろうと思います。スタイル変化には、フォーマルなスタイルへの変化と、インフォーマルなスタイルへの変化の両方があるので、授業では、その両方を扱うべきだと思います。普通体で話させるロールプレイには、たとえば、次のようなものがあります。

　⑦A：あなたの親友のBさんは、かなり無理なダイエットをしているようです。友人としてすごく心配なので、あまり無理なダイエットはしないよう、忠告してあげてください。

　　B：あなたは、今ダイエットをしていますが、なかなかやせません。食事を、今よりももっと減らす必要があるのではないかと考えています。

　このロールプレイでは、アドバイスをしたり、それに答えたりという形で、自分の意見を言うことになるだろうと思います。「裏づけのある意見を言う」ことも、上級学習者が超級になるために必要なことですので、「話し方のスタイルを変える」ことと同時に行なわせてしまえば、一石二鳥ですよね。

(3) 意見を言わせる練習

　次に、「裏づけのある意見」を言わせるための練習方法の一例を、ご紹介します。ロールプレイではありませんが、かなり有効な方法ではないかと思います。

　まず最初に、以下のような問いかけを準備しておきます。「朝ご飯はパンと御飯とどちらがいいと思うか」「飲酒はいいことか悪いことか」「テレビゲームをするのはいいことか悪いことか」「漫画を読むのはいいことか悪いことか」「男女共学の大学と女子大学とではどちらの方がいい教育ができると思うか」「死刑制度を廃止すべきか否か」「原子力発電と火力発電ではどちらがいいと思うか」などです。いかにも話しやすそうな身近な話題から、かなり難しいと思われる抽象的・専門的なものまで、いろいろな話題を取りそろえ、学習者のレベルや興味・関心によって使い分けるのがいいと思います。

　そして、学習者がこれらの問いに答える時には、「……と思います。というのは、……」というように、どちらがいいかという意見の後に、必ず「というのは」という言葉を入れさせます。それによって、「単なる意見」ではなく、「裏づけのある意見」を言わせるわけです。「というのは、……」と続けることに慣れてきたら、その後に、さらに「しかし、……」と続けさせるようにします。段落をもう1つ付け加えて、発話にふくらみを持たせるのがねらいです。最終的には、「結局、……」など、結論を述べる言葉も続けさせ、「裏づけのある意見」を完成させます。つまり、最後には、この章の③の被験者の発話のようになるわけです。

(4) 練習問題！

　次の3つのロールカードは、OPIワークショップの受講生が作ったものです。上級クラスで使うものとしてふさわしいかどうか、考えてみてください。

　⑧あなたは、ある会社から奨学金をもらって勉強しています。今日は、その会社のパーティーに招待されて出かけたところ、その会社の社長を紹介されま

した。社長に奨学金のお礼を言い、現在の生活について報告しなさい。

⑨ある海外援助の専門機関の代表に就任しました。就任式で就任の挨拶をしてください。式には職員はもとより、関係省庁の大臣、各国の大使、財界人が出席しています。

⑩ご主人が転勤することになりました。ご主人は家族で引っ越したいと言いますが、中学を受験する息子がいるので、できないと反対し、ご主人を説得してください。

　まず、⑧では、「奨学金のお礼」を言う時には、ある程度敬語が出るだろうと思いますが、「現在の生活の報告」をする時には、ほとんど敬語が出ない可能性があります。「お礼を言った後に、その社長を留学生のパーティーに招待する」というような設定にでもした方が敬語が出やすくなるだろうと思います。敬語は、出来事を淡々と述べる時よりも、相手に対して何らかの働きかけを行なう時の方が、出やすくなりますよね。⑨は、いくら上級クラスだといっても、少し難しすぎるような気がします。OPIでも、ここまでのスピーチができなくても、超級にはなれます。⑩は、家庭内で日本語を話すことが果たして自然なのか、ということが問題です。「日本人と結婚している」という設定なら、OKかもしれません。

column

60人の会話授業は可能!?

　「会話のクラスは20人以内でなければ絶対に無理だ！」と考えている人が多いのではないかと思います。いや、20人ではなく、もっと少なくなければ会話授業を効果的に行なうことはできない、と考える人もいるでしょうね。しかし、それ以上ではダメだ、と考える根拠は何なのでしょうか。たとえば60人のクラスで30組のペアを作ってロールプレイを行なわせ、その30組のコントロールを周到に行なう……というようなことを考えていけば、60人のクラスで効果的に会話授業を行なうことも、まんざら不可能ではないのではないかと思います。

　ところで、今日（2005年3月14日）の為替レートを調べてみたら、1ドル105円でした。昔は1ドル360円でしたよね。そのころに比べると、3倍以上に円が高くなっています。アメリカに自動車を売ることを例にとると、ごく大雑把に言えば、知らない間に車の価格が3倍になっていた、つまり、生産性を3倍に上げなければ以前と同じ価格を保つことができなくなっていた、というようなことです。にもかかわらず、トヨタなどは安定した収益を上げ続けているわけですから、本当にすごいなぁと思います。トヨタは、独自の生産方式である「かんばん方式」を取り入れるという、全社的な大改造も行ないましたが、ほぼ半日かかっていたプレスの金型の交換を、たった数分でできるようにした、というような、小規模な改善もたくさん行なったのだそうです。

　トヨタ並みの技術革新や改善活動を行なっていけば、60人で会話授業を行なうことも、決して不可能ではないだろうと思います。また、教育効果を下げることなく、1クラスの人数を増やすことができれば、ゆくゆくは、日本語教師の待遇改善にもつながっていくのではないかと思います。

第24章　究極の会話テキスト

ベートーベンの交響曲やモナリザ、あるいは、極上のふかひれスープなど、世の中には、「究極！」と呼ばれるものがあります。日本語の会話テキストにおける「究極」とは、一体どのようなものなのでしょうか。この章では、「究極の会話テキスト」の作成に挑戦します。

（1）究極の会話テキストとは

　私が考える「究極の会話テキスト」とは、「様々な母語を持つ、初級から上級までのあらゆるレベルの学習者が多人数在籍するクラスで使うことができ、さらに、そのクラスのすべての学習者が非常に魅力的であると感じ、会話能力が確実に向上するテキスト」のことです。このような会話テキストを作ることは、所詮無理なことなのかもしれませんが、OPIの考え方を利用すれば、かなり「究極」に近づくことができるのではないかと思います。

　この本の第18章では、OPI的な授業のポイントを9つ挙げましたが、いいテキストの条件も、これとほぼ同じです。この9つのポイントの中から、テキストとは直接関係がないと思われる「教師のすべての発話がタスクとして意識されている授業」という項目を除き、そして、残りの8項目の中の「授業」という文字を「テキスト」に書き換えたものが、以下のリストです。

①話題・場面が表に出ているテキスト
②裏に文型が整理されているテキスト
③メインの部分が少し難しめのテキスト
④ウォームアップのあるテキスト
⑤「前作業→主作業→後作業」という形のテキスト

⑥複線的な主作業のあるテキスト

⑦学習者の能力差に対応できるテキスト

⑧文化の匂いのするテキスト

　これに、「⑨少人数のクラスにも多人数のクラスにも対応できるテキスト」という項目も付け加えたいと思います。これを実現するためには、やはり「ロールプレイ」という形をとるのがいいのではないかと思います。ロールプレイなら、プライベートレッスンにも対応できますし、多人数のクラスでも用いることができます。また、本来なら、「⑩学習者の母語を配慮したテキスト」も加えるべきですが、私の力量不足のため、今回は、この項目はカットしました。

(2) 究極の会話テキスト試作版

　「究極！」と言うには、まだ程遠いのですが、「究極の会話テキスト」の試作版を作ってみました。具体的には、上記の9つの条件を満たすことを目標にしました。クラスには、初級から上級までのすべてのレベルの学習者が多人数いるという想定です。今回は、とりあえず、入門期の学習者への対応は考えないことにしました。入門期の学習者への対応は、またいつか考えたいと思います。


```
**********************************************
* 第1課「今日はラーメン！」                      *
*                                              *
```

前作業（1）：ウォームアップ

①ラーメンの写真（カップめん、インスタントラーメン、ラーメン屋のラーメン、タンタンメン、毛がにラーメン）を提示する。身近にあるラーメンからなじみのないラーメンまでを並べて、学習者の気持ちをラーメンに引き込み、ラーメンについて何か話したいという気持ちにさせる。

②「これは何ですか。」「食べたことがありますか。」「このラーメン（タンタンメン）はどうして赤いんですか。」「○○と××はどう違いますか。」「あなたなら、このラーメン（毛がにラーメン）をどうやって食べますか。カ

ニから食べますか、メンから食べますか。それはどうしてですか。」「カニの食べ方を教えてください。」などと質問していく。簡単な質問から難しい質問へと進み、初級学習者に答えられなかったら中級学習者に、中級学習者に答えられなかったら上級学習者に答えさせる。もちろん、自発的な発話も大歓迎。うまくコントロールしながら、学習者の気持ちをラーメンに引き込む。

③最後に「一番食べたいラーメンはどれですか。それはどうしてですか。」「あなたの国のおいしいメンを、ぜひ紹介してください。」などと質問し、「今日はもうラーメンしかない！」という気持ちにさせる。

主作業（1）：ロールプレイ

①以下の（a）（b）（c）（d）の4種類のロールカードを準備する。
②初級学習者には（a）（b）、中級学習者には（c）、上級学習者には（d）を与え、ペアを作って、各自練習させる。
③練習が終わったら、何組かのペアに、全員の前で発表させる。発表は、（a）（b）（c）（d）という順番で行なう。

（a）初級学習者用

A：あなたは横浜で一番有名な中華レストランの前にいます。店に入って、ラーメンを注文してください。

B：あなたは中華レストランの店員です。お客さんに注文を聞いてください。

（b）初級学習者用

A：あなたは横浜で一番有名な中華レストランにいます。今、ラーメンを食べ終わりました。お金を払ってください。

B：あなたは中華レストランのレジ係りです。お客さんがレジに来ました。

（c）中級学習者用

A：あなたは横浜で一番有名な中華レストランの前にいます。店に入って、

ラーメンを注文してください。夜に、友達と中華料理のフルコースを食べる約束があります。だから、昼はラーメンだけで十分です。

B：あなたは中華レストランの店員です。あなたの店は、中華料理のフルコースが自慢です。値段は安くありませんが、味には自信があります。ラーメンもありますが、お客さんにはあまり勧めたくありません。

(d) 上級学習者用

A：国から家族が遊びに来たので、横浜で一番高級な中華レストランで食事をしました。食べ終わって、お勘定をしている時に、あなたの子供が、飾ってあったつぼを割ってしまいました。店員に謝ろうとしましたが、店員はすぐに店長を呼んで来ました。店長に謝ってください。

B：あなたは、中華レストランの店長です。お客さんが店に置いてあったつぼを割ってしまいました。そのつぼは、唐の時代に焼かれたもので、値段は約120万円です。お客さんが自ら弁償を申し出るように、説得してください。あなたは、店長であり、従業員は全員あなたに注目しています。店の品位を保ちつつ、お客さんをうまく説得してください。

後作業（1）：(a)～(d)のロールプレイで、学習者がうまく言うことができなかった文型・語・表現を導入する。

前作業（2）：ウォームアップ

①次の主作業に備えて、もう1度ウォームアップを行なう。

②カップめんとインスタントラーメンの一覧表を作成し、提示する。袋の写真もしくは実物も見せる。日本にはいかに数多くのカップめん・インスタントラーメンがあるのか、ということに気づかせ、学習者を驚かせる。

③ラーメンの統計（日本人はどのぐらいの頻度で、ラーメン、カレーライス、刺身、すき焼き、寿司、天ぷら等を食べるか。年代別。地域別。）を作成し、提示する。日本人は、実は、すき焼きや天ぷらよりも、よくラーメンを食べているということに気づかせる。

④和食とは一体何なのか、日本人の国民食とは何なのか、ということを考えさせ、話し合う。

主作業（2）：ロールプレイ

①主作業（1）でのロールプレイが、中華レストランという場面で、困った局面を切り抜けるという「サバイバル型」のロールプレイであったので、主作業（2）では、楽しみのためにコミュニケーションをするという「エンジョイ型」のロールプレイを行なう。手順は、主作業（1）と同じである。

(e) 初級学習者用

A：あなたは、昨日、横浜の中華街でラーメンを食べました。Bさんに、昨日、何をしたのか、聞いてください。

B：あなたは、昨日、横浜の中華街でラーメンを食べました。Aさんに、昨日、何をしたのか、聞いてください。

(f) 中級学習者用

A：あなたはラーメンが大好きです。ラーメン嫌いのBさんを、ラーメン屋に誘ってください。その時に、ラーメンがどれだけおいしいか、ということを、よく説明してあげてください。

B：Aさんにラーメン屋に誘われますが、あなたはラーメンが好きではありません。お金がない時に、時々インスタントラーメンを食べますが、全然おいしくありませんし、カロリーも高く、健康にもよくありません。

(g) 上級学習者用

A：あなたの夢は、日本で食品会社を経営することです。ラーメンは、今や日本の国民食なので、インスタントラーメンを中心にして、いろいろな食品を売り出そうと考えています。どのような会社にして、どのような経営をしたいのか、今後の日本経済の状況も踏まえて、Bさんにあなたの夢を話してください。

第24章 究極の会話テキスト

B：Aさんが将来の夢をあなたに話しますが、あなたはインスタント食品は好きではありません。あなた自身の食べ物の好みとしても、好きではありませんし、社会全体のことを考えてみても、いろいろな理由から、やはりインスタント食品はよくないと思います。Aさんに、あなたの意見を言ってください。

後作業（2）：（e）～（g）のロールプレイで、学習者がうまく言うことができなかった文型・語・表現を導入する。

****

　以上が、「究極の会話テキスト」の第1課です。前作業では、写真などを見せることによって初級学習者でも興味が持て、また、話をうまくふくらませることによって上級学習者にも興味の持てるものになるのではないかと思います。

　主作業のロールプレイでは、ペアワークは、やはり学習者の能力別に行なう必要があるでしょう。しかし発表は、たとえば（a）（b）（c）（d）という順番で行なっていけば、全員が参加して行なってもそれほど違和感はないのではないかと思います。また、初級学習者にとっては、中級・上級学習者が行なうロールプレイは聞いていてもあまり理解できないかもしれませんが、（a）（b）（c）（d）は同じ話題、同じ場面でのロールプレイであり、自分とまったく関係のないロールプレイを聞くことに比べれば、かなり理解しやすいのではないかと思います。

　きっと、いつかは、紙のテキストがなくなり、マルチメディア化されたテキストが登場するだろうと思います。しかし、マルチメディア化されることによって、まったく新しいものが生まれてくるわけではなく、システムとしてしっかり考えられているものが、マルチメディアという道具によって現実のものとなる、ということだろうと思います。この章で示した「究極の会話テキスト」は、そのシステムを示すものであるとも言えます。

　えっ、「究極の会話テキスト」の第2課以降はどうなっているのかって？　それは、みなさんが作ってみてください！

参 考 資 料
『ACTFL-OPI 試験官養成用マニュアル』（1995年刊）
『ACTFL-OPI 試験官養成マニュアル』（1999年刊）
（共に牧野成一監修、日本語OPI研究会翻訳プロジェクトチーム訳、（株）アルクより発行）

　ここに参考資料として掲げた「ACTFL言語運用能力基準—話技能」は、OPIの最も中心に位置するものです。OPIとは、つまるところ、それぞれの被験者がどのレベルの能力記述に当てはまるのか、ということを探るものなのです。しかし、ただ、この能力記述だけを頼りに、やみくもにインタビューをしても、おそらく、いい結果は出ないので、本書で説明したような、インタビューのしかるべき手順と技が用意されています。

　また、「ACTFL言語運用能力基準—話技能」だけでなく、「汎言語的記述—聞く」「汎言語的記述—読む」「汎言語的記述—書く」も掲載してあります。一般にはあまり知られていないことなのですが、OPIの生みの親であるACTFLは、「話す」技能の評価基準だけでなく、「聞く」技能、「読む」技能、「書く」技能それぞれの評価基準も作っています。ただし、テストが開発されているのは「話す」技能についてだけです。今後は、「聞く」技能、「読む」技能、「書く」技能それぞれのテストを作成し、さらには、これらの評価基準を拠り所にした、それぞれの技能についての教授法を作りあげていくべきだと思います。

　なお、ここに掲げた「ACTFL言語運用能力基準—話技能」は、日本語版『ACTFL-OPI試験官養成マニュアル（1999年改訂版）』から、また、「汎言語的記述—聞く」「汎言語的記述—読む」「汎言語的記述—書く」は、日本語版『ACTFL-OPI試験官養成用マニュアル』から、（株）アルクとACTFLの許可を得て転載させていただきました。

　ACTFLの言語運用能力基準は、1986年に完成しました。ここに掲げた「汎言語的記述—聞く」「汎言語的記述—読む」「汎言語的記述—書く」は1986年版のものです。「話す」技能の評価基準については、1999年に改訂がなされましたので、「ACTFL言語運用能力基準—話技能」のみ1999年版のものを掲載しました。

〈Reprinted with the permission of the American Council on the Teaching of Foreign Languages.〉

参考資料

《ACTFL言語運用能力基準—話技能》

【超級】

　超級レベルの話者は、正確で流暢な話し方でコミュニケーションをし、具体的・抽象的双方の視点から、フォーマル／インフォーマルな状況でのさまざまな話題について、十分にしかも効果的に会話に参加できる。難なく、流暢に、しかも、正確さを保ちながら、関心のある事柄や特別な専門的分野について議論したり、複雑なことを詳細に説明したり、筋の通った長い叙述をしたりする。社会問題や政治問題など、自分にとって重要な数多くの話題について、自分自身の意見を明白にし、その意見を裏付けるために、うまく構成された議論をする。彼らは、別の可能性を探るために仮説を立てたり、その仮説を発展させたりすることができる。たとえ抽象的な詳述をする場合でも、不自然に長くためらったりせず、要点をわかってもらうために、必要に応じて複段落を展開する。そうした段落は、終始一貫しているが、その論理構成は、まだ目標言語より母語の影響を受けている場合もある。

　超級話者は、多様な会話ストラテジーや談話管理ストラテジーを使いこなす。例えば、ターンを取ることができるし、高低アクセント・強弱アクセント・語調などのイントネーション的要素や、適切な文構造および語彙を用いて、中心となる主張とそれを裏付ける情報を話し分けることができる。彼らは、基本的構文を使う場合、パターン化された誤りをすることは実質上ほとんどない。けれども、特に、低頻度構文や、公式なスピーチや文書に多く使われるような複雑な文型の高頻度構文の使用では、散発的な誤りをすることもあり得る。たとえそのような誤りをしても、母語話者である話し相手を混乱させたり、コミュニケーションに支障を来したりすることはない。

【上級の上】

　「上級—上」の話者は、十分な言語的能力で自信を持って、楽に、上級レベルのすべて

の機能を遂行する。すべての時制の枠組みの中で、論理的に詳細を説明することができるし、完全で正確に叙述することができる。それに加え、「上級―上」の話者は、超級レベルで要求されるタスクにも対応するが、話題によっては、そのレベルを保ってタスクを遂行することができないこともある。彼らは、よく構成された議論を展開して、自分の意見を裏付けることができる。また、仮説を構成するかもしれないが、パターン化した誤りが見られる。彼らは、一部の話題については抽象的に論じることができるが、その話題は特に特定の関心事や特殊な専門分野に関係したものである。しかし、概して、さまざまな話題について具体的に論じる方が彼らには楽である。

「上級―上」の話者は、言い換えたり、回りくどい表現になりながらもなんとか説明したり、例を挙げたりするなどのコミュニケーション・ストラテジーを自在に使いこなして、自分の文法的弱点や語彙不足を補う十分な力を持っているといっていい。彼らは正確な語彙やイントネーションを使って表現し、しばしば大変流暢に楽々と話す。けれども、さまざまな話題にわたって、超級レベルの複雑なタスクを遂行するように要求された場合は、時々言語的挫折を起こしたり、不適切さを露呈したりするかもしれない。または、全くそのタスクを避ける可能性もあり、例えば、議論や仮説を構成する代わりに、描写や叙述に終始して、平易な方法に頼るかもしれない。

【上級の中】

「上級―中」の話者は、多くのコミュニケーション・タスクを、楽に、また自信を持って扱うことができる。彼らは、具体的な話題であれば、ほとんどのインフォーマルな場面と限られたフォーマルな場面でのやりとりにおいて、活発に参加することができる。具体的な話題とは、職場、学校、家庭や余暇活動にかかわる話題はもちろん、最近の出来事、一般的話題、個人的関心事、またはそれらに関連した話題のことである。

「上級―中」の話者は、会話の流れに柔軟に対応しながら、主な時制（過去・現在・未

来)の枠組みの中でアスペクトを適切に使って、詳細に叙述したり描写したりする能力を持っている。それらの叙述や描写は、関連のある事柄や裏付け、事実をつなぎ合わせたり、織り交ぜたりして、段落の長さの連続した談話の形でなされる傾向がある。

「上級—中」の話者は、自分がよく知っている日常的な状況での場面やコミュニケーション・タスクであれば、事態の複雑化や予想外の展開により言語的に難しい状況になった場合でも、比較的楽にそして上手に処理することができる。そのために、回りくどい言い回しや言い換えなどのコミュニケーション・ストラテジーがしばしば使われる。「上級—中」レベルの話者は、上級レベルのタスクを遂行している間は、非常にスムーズな話し方ができるという点が特徴的である。彼らは、かなり幅広い語彙力を持っているが、自分の専門分野や興味のある特定の分野を除けば、彼らの語彙は一般的・総称的なものがほとんどである。談話構造は、依然として、目標言語以上に母語の口頭での談話構造に近いかもしれない。しかし、母語の影響は薄らいでいく傾向にある。

「上級—中」の話者は、具体的に論じ慣れた話題の数々について、かなり正確で明快で適切に会話に参加し、また、誤解や混乱を与えることなく意図した内容を伝える。彼らは、外国語話者に慣れていない母語話者にも容易に理解してもらえる。超級レベルで要求されるようなタスクを遂行したり、そのような話題を扱う場合は、質的・量的ともに、または、そのどちらかにおいて、一般的に言語レベルが低下するであろう。「上級—中」の話者はしばしば意見を述べたり条件に言及したりできるが、終始一貫して複段落で構成された議論をするほどの能力はない。そのため、「上級—中」の話者は、数々のストラテジーを使って間を持たせたり、叙述・描写・説明・逸話を持ち出すなどの方法に頼ったり、単純に超級レベルの言語的要求を避けようとしたりすることもある。

【上級の下】
「上級—下」の話者は、さまざまなコミュニケーション・タスクを扱うことができるが、

時々多少もたついた話し方になることがある。彼らは、インフォーマルな状況ならほとんどの場合、フォーマルな状況なら限られた場合に、学校、家庭、余暇活動に関係した内容について、活発に会話に参加する。また、程度は少ないが、仕事や最近の出来事、個人的、一般的な関心事について、または自分に関連のあることについても参加することがある。

「上級―下」の話者は、主なほとんどの時制（過去・現在・未来）の枠組みにおいて、段落の長さの談話で叙述したり描写したりする能力を発揮するが、時々、アスペクトをコントロールする能力に欠けることがある。彼らは、対応し慣れた、日常的な状況での場面やタスクであれば、事態の複雑化や予期せぬ展開により言語的に難しい状況になった場合でも、適切に対応することができる。ただし、時には、ぎこちない話し方になってしまい、上級レベルとして認められるぎりぎりの線まで落ちることもある。そのような場合には、言い換えや回りくどい表現を使うなどのコミュニケーション・ストラテジーが用いられるかもしれない。叙述や描写では、文を組み合わせたり、つないだりして、段落の長さの連続した談話が作られる。非常に詳細な説明を求められた場合は、言葉を探しながら話したり、極度に短い談話になってしまう傾向がある。発話の長さはせいぜい１段落止まりである。母語の影響がまだ色濃く残っていて、特に目標言語以外の同族言語の同意語を間違えて使ってしまったり、直訳的な表現や、母語における話し言葉の段落構造を用いてしまうことがある。

「上級―下」の話者は、たとえ流れるような発話でなくても、しっかりとした内容が認められるが、自己訂正が目立ったり、ある種の「文法的に粗雑な面」があって、概して何かしら不自然さやあやふやなところがある。「上級―下」の話者が使用する語彙は、主として一般的・総称的なものである。

「上級―下」の話者は、相手を誤解させたり混乱させたりすることなく、自分が意図したことを伝えることができるだけの、十分な正確さ、明快さ、適切さを持って会話に参加

できる。そして、繰り返しや言い直しをしたりしながらの会話になることもあるが、外国人との会話に慣れていない目標言語の母語話者にも理解してもらえる。超級レベルで要求される機能の遂行や話題を扱おうとする場合は、質的にも量的にも明らかに言語レベルは低くなってしまう。

【中級の上】

　「中級—上」の話者は、中級レベルとされているごくありふれたタスクや社会的な状況では、楽に自信を持って談話を交わすことができる。彼らは、職場、学校、余暇活動、特定の関心事や専門的分野に関係した基本的な情報のやりとりが要求されるような、さほど複雑でないタスクや社会的状況なら多くの場合、うまく対応できる。ただ、明らかに口ごもったり、間違ったりすることもある。

　「中級—上」の話者は、上級レベルのタスクも取り扱えるが、話題が広がってくると、上級レベルの力を維持できない。「中級—上」の話者は、主な時制の枠組みを使い、段落の長さで連続した談話の形で、ある程度終始一貫して叙述したり描写したりする。けれども、彼らが上級レベルのタスクを遂行する場合は、言語的挫折の特徴を示すようになる。例えば、適当な時制の枠組みを使って、意味的や統語的に叙述や描写を維持することに失敗したり、連続した談話をまとめられなかったり、談話の結末法を誤って使用したり、語彙の広がりや適切さに欠けたり、回りくどい表現でもうまく言い換えできなかったり、言いよどんだりすることがその例である。

　「中級—上」の話者は、外国人に慣れていない母語話者に普通は理解してもらえるが、話者の母語の影響が依然として明らかである（例えば、母語と目標言語を混用したり、同族言語を誤って使ったり、直訳的な表現をしたりするなど）。また、コミュニケーションが途切れることもある。

【中級の中】

　「中級―中」レベルの話者は、単純な社会状況において、さまざまな複雑でないコミュニケーション・タスクにうまく対応することができる。会話は一般的に、目標文化圏において生活していく中で不可欠なもので、よくある具体的な会話のやりとりに限られる。その内容には、自分自身や家族、家庭、日常生活、関心事、個人的な好みなどの個人的な情報はもちろん、食べ物、買い物、旅行、宿泊などの身体的・社会的なものも含まれている。

　「中級―中」の話者の対応は、受け身的であり、例えば、直接的な質問や情報を求められたのに対して答えるという形で対応する傾向がある。けれども、道順、値段、サービスを尋ねるなどの基本的な必要を満たすために、簡単な情報を得る必要がある場合は、さまざまな質問をすることができる。上級レベルの機能を果たすように要求されたり、上級レベルの話題を取り扱うように求められたときは、彼らはある程度の情報を伝えることはできるが、考えを関連付けたり、時制やアスペクトを巧みに扱ったり、遠回しな表現で言い換えるなどのコミュニケーション・ストラテジーを使ったりすることは難しい。

　「中級―中」の話者は、自分なりに文を作ることによって、時には、すでに知っている言語要素と会話の中で得た情報を組み合わせたり組み替えたりすることによって、文または連文の形で発話し、自分の意図することを表現することができる。彼らは、思っていることを言おうとして適当な語彙やふさわしい文型を探しているとき、発話が途切れたり、文や語句を再構成したり、自己訂正したりすることがある。語彙・発音・文法・統語のいずれか、またはいくつかが正確でないために、誤解されることもある。けれども、「中級―中」の話者は、普通、好意的な相手、特に母語話者でない人との会話に慣れている人には理解してもらえる。

【中級の下】

　「中級―下」レベルの話者は、単純な社会状況では、自分なりに文を作ることによって、限られた数の複雑でないコミュニケーション・タスクをうまく遂行することができる。会話は、目標言語文化圏で生活していくためにはどうしても必要な、具体的な会話のやりとりや、いつも出てくるような話題のうちの一部に限られている。これらの話題は、基本的な個人情報に関係したもので、例えば、自分自身や家族、限られた場面の日常活動や個人的な好みに関する話題、また、食べ物を注文したり、簡単な買い物をするなどの日常の生活に必要なものなどである。「中級―下」レベルでは、話者は主として受け身的であり、直接的な質問に答えたり求められた情報を提供しようとするので精一杯である。しかし、数は少ないが、適切な質問をすることもできる。

　「中級―下」の話者は、すでに知っていることと相手から聞いたことを組み合わせたり組み替えたりしながら短い文章を作って、自分の意図することを表現する。思っていることを言語に置き換えようとしているときは、適切な文や語句および語彙を探そうとして、何度も言いよどんでしまったり、努力しても不正確な話し方になったりすることが多い。彼らの発話は、頻繁に途切れたり、語句や文の再構成を試みても無駄に終わってしまったり、自己訂正したりするなどの特徴が見られる。発音、語彙、統語などは、彼らの母語の影響を強く受けている。しかし、誤解されて言葉を繰り返したり言い換えたりしなければならなくなることが多いとはいえ、好意的な対話の相手、特に母語話者でない人に慣れている相手であれば、普通、理解してもらえる。

【初級の上】

　「初級―上」の話者は、中級レベルのさまざまなタスクに対応することができるものの、そのレベルを維持できない。彼らは、単純な社会状況であれば、複雑でないコミュニケーション・タスクをうまく切り抜けることができる。会話内容は、目標言語文化圏で生活していくためにはどうしても必要なもので、よく出てきそうなわずかな話題に限られる。例

えば、基本的な個人の情報、基本的な物、限られた数の活動・好み・身近な必要事項などである。「初級―上」の話者は、簡単で直接的な質問に答えたり、求められた情報を与えたりすることができる。しかし、何か質問するようにと言われると、決まり文句からなる数少ない質問しかできない。

「初級―上」の話者が自分の意図することを表現する場合、習い覚えた語句をそのまま使ったり、それらの語句と対話の相手から聞いた言葉を組み合わせたりする程度で終わってしまうことがほとんどである。彼らの発話は、主に、現在形の短い文で構成されているが、それらも時には完結していないことがあり、口ごもったり、正確さに欠けたりすることがある。その一方、彼らの発話は、しばしば、習った言葉や記憶している句を展開しているだけなので、時々驚くほど流暢で正確に聞こえることもあり得る。自分の言葉として話そうとすると、語彙・統語はもちろん発音についても、母語の影響を強く受ける可能性がある。相手に誤解されることが多いが、語句を繰り返したり言い換えたりすることによって、外国語話者との会話に慣れている好意的な相手には、普通、理解してもらえる。中級レベルに相当する種々の話題・機能が要求される会話になると、「初級―上」の話者は、時々、明瞭な文で答えることができるときもあるが、文の形での談話を維持することはできない。

【初級の中】

「初級―中」の話者は、数々の個別の単語と丸暗記した句を使って、習ったことのある場面に限り、最低限のコミュニケーションをやっとの思いで行うことができる。直接的な質問に答える場合も、彼らは一度に2、3の単語のみで発話するか、時折記憶している答えを発するだけである。彼らは、単純な語彙を探したり、自分自身や相手の言った言葉を繰り返し使おうとして、言葉がしばしば途切れてしまう。「初級―中」の話者は、口ごもったり、語彙が足りなかったり、正確さに欠けたり、適切に答えられなかったりするために、外国人に慣れていて好意的な相手にさえ、理解するのが難しいことがある。中級レベルの

機能を含んだ話題を扱うように要求された場合は、彼らはしばしば、語句を繰り返したり、母語を使用したり、沈黙したりせざるを得なくなる。

【初級の下】

「初級―下」の話者は、実際に何の機能も果たすことができず、発音の悪さから、理解されずに終わることもある。時間が十分に与えられ、聞き慣れたきっかけがあれば、挨拶を交わしたり、自分の名前を言ったり、ごく身近なよく知っている物の名前を挙げたりする事ができることもある。彼らは、中級レベルの話題を扱ったり機能を遂行することはできない。真の意味での会話のやりとりはできないということである。

《汎言語的記述―聞く》

ACTFL言語運用能力基準は聞くタスクが全て普通の自然な環境で、普通の速さの、標準あるいはごく標準に近い話し方でなされることを前提とする。

【初級―下】

理解力は同族語、借用語、よく耳にするきまり文句などが、時折分かる程度である。基本的に短い言葉でさえ理解する能力はない。

【初級―中】

特に文脈から理解しやすかったり、話が聞きやすかったりする場合、短い習い覚えた言葉のいくつかが理解できる。基本的な個人についての話題やごく身近な状況に関する話題についての簡単な質問や話、またよく使われる指示文や挨拶などのきまり文句の中の語句が部分的に理解できる。理解するのに長い時間を要し、定期的に繰り返しやもっとゆっくり話してくれるよう求めることがある。

【初級―上】

　特に文脈から理解しやすかったり、話が聞きやすかったりする場合、習い覚えた短い言葉や文の長さの発話がわかる。簡単な質問や話、よく使われる指示文や挨拶などのきまり文句の語句がわかる。理解するのに繰り返しや言い直しを求めたり、ゆっくり話してくれるよう求めたりすることがある。

【中級―下】

　特に前後の状況から理解しやすい場合、いくつかの既習の内容領域のものの組み替えからなる文の長さの発話が理解できる。内容は食事を注文したり、簡単な指示を受けたりといった、基本的なもので、かつ個人的な背景や必要な状況、社会的なしきたりや日常的なタスクなどである。聞くタスクは主として普通にある自然な対面式の会話がふさわしい。理解力はしばしばむらがあり、繰り返しや言い換えが必要なことがある。主題と細部の両方に関する誤解も頻繁に起こる。

【中級―中】

　多様な話題について既習のものの組み替えからなる文の長さの話が理解できる。内容は引き続き主として基本的、個人的な情報と必要なことがら、社会的なしきたりであるが、たとえば宿泊、交通、買い物に関するようなやや複雑なタスクも含まれる。加えて、ある程度の個人的関心事や活動、そしてより多種多様な指示や説明が含まれるようになる。聞くタスクは自然な対面式の会話だけでなく、よく使う電話の会話やテレビやラジオの簡単なニュースや報道のようなよく整ったものも適している。理解力には相変わらずむらが見られる。

【中級―上】

　異なった時間や場所に関するいろいろな話題について、かなり長い段落の談話が理解できる。しかしながら、主題あるいは細部の把握がうまくいかないために理解力は一定して

いない。このため上級レベルの話題と大幅に違うことはないが、理解力は量的に少なく、質的に貧弱である。

【上級】

ごく身近なこと以外でも、いろいろの話題について段落の長さの談話の主題と細部のほとんどが理解できる。理解力は言語的、そしてまた言語以外のいろいろの理由で一定していないことがある。その中でも話題に馴染みがあるかどうかは非常に大きく影響する。このレベルのテクストにはしばしば異なった時制やアスペクト、つまり現在、非過去（non-past）、習慣、未完了といった時制やアスペクトの描写や叙述が含まれる。テクストにはインタビューや馴染みのある話題についての短い講演、主として事実情報を扱ったニュースや報道が含まれることもある。聞き手は談話を前後関係の整った結束性の高いものにするための方法に気が付いてはいるが、テクストに表れている考えの筋道を追う目的でそれを活用することはできない。

【上級―上】

標準語の大抵の場合話の主題がわかるが、内容上、あるいは言語上複雑な複段落が長く続くと理解することができない場合がある。テクストに表われた言葉の表面上の意味以外に文化的な含みもあることに気がつき始めていることをうかがわせるが、文の意味する社会文化的なニュアンスを捉えそこなうことがある。

【超級】

標準語のあらゆる話の主題を理解することができる。その中には専門分野の技術的な詳しい話も含まれる。学術的／専門的な場面とか、講義、演説、報告のように、内容的にも言語的にも複雑な談話の主題を理解することができる。目標言語の美的基準とか、慣用句、口語的な表現、使用域の変更（register shifting）がある程度わかることをうかがわせる。目標言語の文化的枠組みの中で推論ができる。理解力はテクストの基礎となっている全体的な構成がわかることによっても助けられており、社会的、文化的に何を意味するか感情

面での含みにも敏感である。間違って解釈することはほとんどないが、速くて非常に通俗的な話、あるいは文化に深く関わっているような話は理解できないこともある。

(Distinguished)

それぞれの聞き手に合わせ、個人的、社会的、そして専門的な必要に応じたあらゆる形式、様式の話が理解できる。言語を文化的枠組みの中で解釈し、社会や、文化に関わることや、美的基準に強い感性をもっていることをうかがわせる。テクストは演劇、映画、論説、シンポジウム、学術討議、政策声明、文学作品の朗読、そして大抵の冗談や駄洒落にまで及ぶ。一部の方言や俗語が分かりにくいこともありうる。

《汎言語的記述―読む》

ACTFLの言語運用能力基準は読むための全ての文が、本物であり、判読しやすく見やすいものであることを前提とする。

【初級―下】

文脈からはっきりそれと分かる場合には、個別の単語とか主要な句が認識できることがある。

【初級―中】

アルファベットあるいは音節の表記体系の記号とか文字の表記体系の中のいくつかがわかる。前後の脈絡からはっきりそれとわかるような語句や同族語や借用語など、わかる語が増えてくる。一度に理解できる量が1フレーズ以上になるのはまれで、読み返しが必要なこともある。

【初級―上】

　実際的・具体的場面で必要とされる場合、表記の体系を十分に理解し、文字が理解できる。語彙が学習済みである場合、メニューのいくつかの項目、予定表や時刻表、地図、標識など、説明や指示を与えるための一般的なサインや表示・表現が読める。一貫しているわけではないが、時々このレベルの読み手は文脈や言語外の背景、知識に助けられて、少し上のレベルのテクストの意味を推し測れることもある。

【中級―下】

　基本的、個人的、社会生活上の必要に応じた最も単純な、ある長さをもった文章を読んで、主題や多少の事実関係が理解できる。このような読み物は言語的に複雑ではなく、時間を追って順に起こるようなはっきりした基礎になる内部構造がある。またそのような文章は読み手が最小限の想像をすれば済み、個人的な興味や知識を活用して考えられる基本的な情報を伝えるものである。例としては社会生活上の通達や、考えられる限り広範囲の読者層に向けられた公的な告知、公共生活に関する短く簡単な通知文などのような情報などがある。間違って解釈することも時にはある。

【中級―中】

　多様な基本的、社会的必要に応じた簡単なある程度の長さの文章を理解する力がつき、安定して読める。このような読みものはまだ言語的には複雑ではなく、基底にはっきりとした内部構造がある。読み手が最小限度の想像をすれば済み、個人的な興味や知識を活用して考えられるような基本的な文章が中心である。例としては幅広い読者層を対象に書かれた人物、場所、物に関して短く簡単に描写したものが挙げられる。

【中級―上】

　読み手が個人的に興味や知識をもっているような、ごく基本的な個人的、社会的必要に応じた簡単な、ある程度の長さの文章を安定して読め、完全に理解できる。描写や叙述と

いったひとつ上のレベルの文章を読んで、ある程度の主題や情報が読み取れる。構文的な複雑さに理解を妨げられることもある。例えば、基本的な文法上の関係を間違って解釈したり、過去のことか、現在のことかなど、時間的にいつのことを指しているのかを、語彙項目に頼って判断したりすることもある。代名詞が指すものが何か分からないというように、談話の結束性を理解するのに困難を感じることがまだある。内容的に上級レベルと際立って違うことはないが、理解力が安定しておらず、理解するのに数回読まなければならないこともある。

【上級】

　はっきりした基礎的な構文であれば、数段落にわたる多少長めの散文を読むことができる。とは言えその散文は馴染みのある文型が特に多い場合に限られる。主題や主な事実は把握できるが、詳細は一部見落としてしまうことがある。しかし理解力は向上してくる。それは場面や主題についての知識に依存するだけではなく言語そのものを読み取る力がついてくるからである。このレベルの読み物には描写や叙述が中心になったもの、例えば簡単な短い物語とか、ニュース、参考文献の情報、社会生活上の通知、個人的な書状、ごく一般的な業務用書簡、そして広く一般を対象として簡単に書かれた技術の説明書などが含まれる。

【上級―上】

　特別に興味や知識のある分野では超級レベルの文章の大事な部分は読み取れる。抽象的な概念を扱った、言語的に複雑なもの、あまり馴染みのない話題や状況を扱ったもの、目標言語の文化的局面を含むものなども部分的にではあるが理解できる。事実関係をはっきり理解し、そこから正しい推論を導くことができる。その言語の持つ美しさや、文学の持つスタイルについて認識ができるようになり、文学を含む、より幅広い種類の文章が理解できるようになる。間違った解釈が起こることもある。

【超級】

　馴染みのない話題についての解説調の散文やいろいろな文学作品の文章を普通の速さで読んでほとんど完全に理解できる。主題についての知識に依存することなく理解することができる。もっとも、このレベルでは学習している文化についての知識を極度に求めるような文章を全部理解することは期待されていないが、楽しみながら気楽に読むことはできる。このレベルの読み物の特徴は仮説を立てたり、議論をしたり、意見の裏付けをしたりすることであり、学術的／専門的な読み物の中によく見られる文型と語彙が含まれていることである。このレベルでは一般的な語彙や構文を十分理解できることから、ほとんどの場合、言語外知識から得られた意味を言語の知識から得た意味と結び付けることができる。そのためいろいろの種類の文を滑らかに効果的に読むことができる。しかし極端に複雑な構文とか使用頻度の低い慣用句の場合には多少困難を感じることがあるかもしれないし、時折間違って解釈することもありうる。このレベルでは読み物に合わせて「トップダウン」あるいは「ボトムアップ」の読み方を使い分けることができる。(「トップダウン」手法は実世界の知識と文章のジャンルと構成のしかたに基づいた予想を手掛かりにして読む方法で、「ボトムアップ」手法は実際目の前にある言語情報を基にして読む読解方法である) このレベルではいろいろな文学作品、論説、通信文、専門分野の一般的な報告書や技術資料を含むものがテクストとなる。読み返しはほとんど不必要で、読み間違いもほとんどない。

(Distinguished)

　学術的、専門的に必要とされる大抵の様式と形式の書物をよどみなく正確に読むことができる。文からの推論と現実の知識とを関連付けられるし、文化的枠組みの中で言葉を解釈することにより、社会言語学的、文化的なことがらをほとんど理解することができる。書き手の意図する微妙な意味の差や何を意味しているかが理解できる。一般読者向けのあらゆる分野の読み物はもちろんのこと、格調高い論説文、専門的な学術雑誌の記事、小説・戯曲・詩のような文学作品においても思考の流れや、書き手の意図が思わぬ展開を見せても読みこなす力をもっている。

《汎言語的記述―書く》

【初級―下】
　アルファベットの体系の中でいくつかの文字を書くことができる。書き方の体系が音節文字（日本語のひらがな・かたかなのような文字）や他の字（日本語の場合の漢字）を使っている場合は基本的な筆づかいを書き写したり、自分で書いたりすることができる。ローマ字を使用する言語の場合は個々の文字をローマ字化することができる。

【初級―中】
　よく知っている語句を見て書き写すことができるし、記憶しているものをいくつか書くことができる。コミュニケーションのために書く記述は全くない。

【初級―上】
　簡単な決まった表現や記憶しているもののいくつか、さらにそれを少し組み替えたものなどを書くことができる。簡単な用紙や書類に情報を書き込むことができる。名前、数、日付、自分の国籍や他の簡単な自分の経歴に関する情報が書けるし、何か短い句や簡単なリストなども書ける。アルファベットや音節体系の全ての記号、あるいは表記の体系の中の50～100の文字や熟語が書ける。綴りと文字記号（アルファベットのような文字、ひらがな・カタカナのような音節文字、漢字のような字）は部分的に正しいこともある。

【中級―下】
　限界はあるが、実際に書く必要がある状況に対応できる。短い伝言、はがき、電話のメモのような簡単なメモ書きができる。限られた言語経験の範囲内で何かを述べる文や、質問が書ける。非常に馴染みのある話題について既習の語彙や構文を再結合した簡単な文が書ける。言葉遣いは何を表現するにも不適切で、ごく基礎的な役にしか立たない。文法、語彙、句読点、綴り、そしてアルファベットでない文字記号に間違いが多いが、書いたも

のは母語話者でない人の書いたものに慣れている人には理解してもらえる。

【中級—中】

　書く必要のある実際の場面のいくつかに対応できる。短い、簡単な手紙が書ける。内容的には個人的な好み、日常の日課、毎日の出来事、それに個人的な経験に基づいた話題などである。現在と少なくとももう一つの時制やアスペクト、たとえば、非過去（nonpast）、習慣、未完了などが確実に使える。複雑でない文の構文規則や、格変化や活用のような基礎的な語尾変化が使いこなせるようになってくる。書いたものは与えられた話題についての脈絡のない文章や断片的な文になりやすく、前後関係の整った文にしようとする意識は、ほとんど見られない。母語話者でない人の書いた物に慣れている人には理解してもらえる。

【中級—上】

　社会的必要に対応するにはまだ書く力に限界があるが、具体的かつ実際的な状況には大抵対処できる。よく知っていることについてある程度詳しいメモが書け、個人的な質問に対して、書いて答えることができる。簡単な手紙、簡潔なアウトラインや言い換え、自己の経歴、職場や学校での経験などの大筋が書ける。時、時制、アスペクトを表すのに主として具体的内容を示す言葉や「時の表現（time expressions）」に依存することが多い言語の場合にはある程度の正確さが見られる。一方時制やアスペクトが動詞の変化によって表される時、語形はどちらかと言えば確実に作れるが、常に正確であるというわけにはいかない。段落をいくつか使って描写したり、叙述したりすることができる様子が見え始める。もっとも、たとえば、代名詞の代用や類義語による言い換えなどを使って、文の結束性を高めることはめったにしない。書いたものは、欠点はあるものの、母語話者でない人の書いたものに慣れている人にはおおむね理解してもらえる。

【上級】

　一般的な通信文が書け、馴染みのある話題について、少なくとも数段落の長さの簡単な談話文にまとめられる。簡単な通信文、メモ書き、文章の整った要約やアウトライン、それに事実に基づく叙述や描写が書ける。ある程度、回りくどい表現はあるが、簡単に自分のことを表現するに十分な語彙がある。句読点、綴り、アルファベット以外の文字記号の書き方にまだ間違いがある。普通の語順の文型、等値関係、従属関係といった形態や、最も高頻度の統語構造はうまく使えるが、複雑な文を作る場合は、よく間違いを犯す。限られた数ではあるが、代名詞のような文の結束性を高めるものが正確に使える。書いたものは母語からの直訳のようなものではあるが、文章構成（修辞学的構成）を意識し始めている。また、母語話者でない人が書いたものに慣れていない人にも分かってもらえる。

【上級―上】

　多様な話題について、十分正確に詳細に書くことができる。大抵の一般的な通信文も、あまり形式ばらない業務用通信文も書ける。個人の経験を描写したり、叙述したりするのは全く問題なくできるが、談話の中で論理的に自分の見解を支持するのは困難である。特別の関心事とか専門分野に関する話題の具体的な点について書くことができる。しばしば、よどみない文章でこなれた表現ができることをうかがわせるが、時間的制約やプレッシャーのある場合には、不正確になることもある。概して文法か語彙の一方には強いが、両方に強いことはない。文法か語彙のどちらか、あるいは綴りや文字の表記に弱かったり、むらがあったりするために時にはコミュニケーション上の問題を引き起こすこともある。まだ、一部の語彙に誤用が見られる。文体もまだ明らかに外国語調である。

【超級】

　実用的、社会的、専門的な話題について、大抵のフォーマル、インフォーマルな書き物に自分の言わんとすることを効果的に表現できる。大抵の書式の通信文、つまりメモ、個人的書簡、業務用通信文、短い研究報告、特別な関心事や専門分野の意見書などが書ける。

あらゆる構文、綴り、アルファベット以外の文字記号を十分に使いこなし、幅広い一般的な語彙を使用して、仮説を立てたり、論点や見解を正確に効果的に表現したりすることができる。時間的な順序とか論理の進め方の順序、因果関係、比較や主題の展開などといった基礎的な文章構造を把握していることがわかる。しかしながら目標言語の文型をまだ完璧に全部駆使し、文章に反映できるわけではない。常体、敬体などの文体の違いを意識しているが、まだ多様な目的や読み手に合わせて書くことができない場合もある。文中に間違いがあっても母語話者に疑問を抱かせることはほとんどないし、伝達の間違いを引き起こすこともない。

索　引

あ
後作業 …………………………120, 163

い
言い換えのストラテジー …………109, 112
意見 …………………………102, 104, 154
一般性 ……………………………………76
依頼表現 …………………………………75
インフォーマルなスタイル ……………156
インプット仮説 …………………………119

う
ウォームアップ …………………………84
裏づけのある意見 ………92, 105, 152, 157

え
エンジョイ型 ……………129, 142, 149, 164

お
オーディオリンガル・メソッド …………6
おはこ ……………………………………67

か
会話の流れ ………………………………22
化石化 ……………………………………5
仮定的な状況 ……………………………103
簡単な受け答え …………………………92

き
機能 …………………………………14, 16, 92
技能 ………………………………………31
決まり文句 ………………………………145

教
教育上のチャンス ………………………71
教室活動 …………………………………70
教養のある日本人 ………………………56
共話 ………………………………………110

く
具体的な話題 ……………………………21

け
経験値 ……………………………………27
敬語 …………………………………153, 154
結束性 ……………………………………48
言語活動 …………………12, 27, 33, 34, 41, 82
言語活動のプール ………………………41
言語習得観 ……………………………3, 40
言語的挫折 ………………………………78
言語能力 ………………………………3, 22, 30
言語能力観 ………………………………3
言語のコントロール ……………………41
「現実そのまま」型ロールプレイ ………126
謙譲語 ……………………………………153
原理 ……………………………………3, 5

こ
語彙 ………………………………4, 32, 119
構造言語学 ………………………………6
行動主義心理学 …………………………6
コミュニカティブ・アプローチ ………34
語用論的能力 …………………………4, 32

さ
サバイバル型 ……………129, 140, 147, 164

索　引

サブレベル ……………………………5, 63

し
実用性 ……………………………………9, 30
シナリオドラマ ……………………………125
自発的 ………………………………………47
社会言語学的能力 …………………………4, 32
習慣形成 ……………………………………6
授業の流れ …………………………………23
熟達度 ………………………………………2
主作業 …………………………………120, 162
「受動的・消極的」なウォームアップ …87
瞬間計画力 …………………………………115
上級 ………………………5, 42, 69, 93, 96, 103
上級クラス …………………………………106
上級の機能 …………………………………15
上級の質問 …………………………………75
上級のロールプレイ ………………………152
上下 …………………………………………155
詳細性 ………………………………………75
詳細な叙述 …………………………………149
初級 …………………………………………5, 42
初級クラス …………………………………107, 140
初級の学習者 ………………………………69
初級の機能 …………………………………15
初級の授業 …………………………………33
初級のテキスト ……………………………33
初級のロールプレイ ………………………140
シラバス …………………………31, 34, 118
親疎 …………………………………………155
信頼性 ………………………………………67, 68

す
スタイル変化 ………………………………154
スパイラルな突き上げ ……………………92
スピーチ ……………………………………158

せ
正確さ ………………………………………4, 32
正式なOPI …………………………………9
説明 ……………………………………92, 102
説明ゲーム …………………………………112
専門的な話題 ………………………………21

そ
総合的タスク ………………………………16
総合的タスク／機能 ………………………4, 14
疎外感 ………………………………………95
ソトの人 ……………………………………155
尊敬語 ………………………………………153

た
待遇表現 ……………………………………153
第二言語習得 ………………………………3
第二言語習得研究 …………………………5, 8
タスク ……………10, 18, 33, 34, 37, 81, 119, 121
タスク先行型 ………………18, 70, 81, 85, 120, 130
タスク先行型ロールプレイ ………………132
タスク練習 …………………………………34
助け舟 ………………………………………54, 110
達成度 ………………………………………2
タテ軸志向 …………………………………5
単語 …………………………………………39, 145
単語の羅列 …………………………………140
段落 ………………………………39, 47, 146, 149
談話の型 ……………………………………119

ち
中級 …………………………………5, 42, 69, 93, 96
中級クラス …………………………………107
中級の機能 …………………………………15
中級の質問 …………………………………73
中級の被験者 ………………………………69
中級のロールプレイ ………………………146

抽象性 ……………………………………76
抽象的な話題 ……………………………21
超級 …………5, 42, 93, 96, 102, 152, 154
超級の機能 ………………………………15
超級の質問 ………………………………76
直接法 ……………………………………119

つ
突き上げ ………………………………66, 72

て
丁寧語 ……………………………………153
テキストの型 …………………………4, 38
テスター ………………2, 52, 56, 60, 80, 94
デス・マス体 ……………………………155
出たとこ勝負 ………………29, 71, 82, 90, 133

と
到達度 ………………………………………2
トリプルパンチ …………………………102
ドリル ………………………………………6

な
ナチュラル・アプローチ …………56, 119
難易度 …19, 23, 26, 42, 72, 95, 122, 148, 151

に
入門期 ……………………………………144

ね
ネイティブ ……………………………6, 56

の
「能動的・積極的」なウォームアップ …87
能力 …………………………………………2
能力差 …………………………53, 94, 122
能力の下限 ………………………………62
能力の上限 ……………………61, 68, 80

は
パターンプラクティス ……………6, 34
発音 …………………………………4, 32
発話のコントロール ………………153
話し方のスタイル ……………………152
「話す」活動 ……………………71, 133
場面 ……………………………16, 26
場面依存性 ……………………………29
場面依存的 …………………………141
場面設定 ………………………………25
「場面持ち込み」型ロールプレイ ………126
場面・話題 ……………………………4
場面を細分化した応答練習 …………144
ばらつき ……………………………52, 95
汎言語的 ……………………………3, 123
判定可能 ………………………………61
判定不能 ………………56, 61, 65, 80, 86
反論 ……………………………76, 103

ひ
非明示的なタスク ……………………121
表現先行型 ……………………………81, 130
ひらめき ………………………………115

ふ
フィードバック ………………………134
フォーマルなスタイル ………………156
複合形式 ………………………………37
複線的な主作業 ………………………122
複段落 …………………………………39, 48
普通体 …………………………………156
普通ではない状況 ……………………147
普通の日本人 ……………………53, 108, 111
プレースメント ………………………53
文 ………………………………39, 46, 73
文化 ……………………………………123
文化的な能力 …………………………7
文法 ……………………………4, 32, 37

文レベルの会話 …………………………140

へ
ペアワーク …………………………………134

ほ
方略 …………………………………………33

ま
前置き型の質問 ……………………………76
前作業 …………………………………120, 161
待つ・聞き返す ……………………………108
マニュアル ……………………………16, 39
マルチメディア ……………………………165

み
身近な話題 …………………………………21

め
明示的なタスク ……………………………121

も
文字化 ………………………………………8

よ
予測可能性 …………………………………28

ら
羅列連文 ……………………………………48

り
流暢さ ……………………………………4, 32

れ
レベルチェック …………………………62, 66

ろ
ロール …………………………………132, 150

ロールカード…133, 140, 143, 149, 151, 155, 157
ロールプレイ ………30, 124, 132, 140, 152

わ
ワークショップ ……………………………2
ワインドダウン ……………………………64
話題 …………………………………16, 20, 92

A
achievement ………………………………2
ACTFL ……………………………………2
ACTFL言語運用能力基準 ………………3, 7

I
i＋1のインプット …………………………56
i＋1のタスク ………………………………56

K
KYコーパス ………………………………8

O
OPI …………………………………………2
OPIの構成 …………………………………60
OPIの手順 ………………………………10, 67
OPI的な会話授業 …………………………10
OPI的な授業 ………………………………118
OPI的な文法教育 ………………………35, 37
OPI的日本語教師 …………………………52
OPI的日本語教授法 ………………5, 6, 9, 57
Oral Proficiency Interview ………………2

P
proficiency ………………………………2

U
unratable……………………………61, 65, 80

W
Wh疑問文 …………………………73, 107

Y
Yes-No疑問文 …………………………74, 107

著者紹介

山内博之（やまうち　ひろゆき）

1962年愛知県生まれ。筑波大学にて経済学修士を取得。現在は、実践女子大学文学部国文学科教授。編著書に『プロフィシェンシーから見た日本語教育文法』（ひつじ書房）、『実践日本語教育スタンダード』（ひつじ書房）などがある。

OPIの考え方に基づいた日本語教授法
―話す能力を高めるために―

発行	2005年6月25日　初版1刷 2013年10月10日　　　3刷
定価	2200円＋税
著者	©山内博之
発行者	松本　功
装丁者	吉岡　透 (ae)
印刷所	株式会社シナノ
発行所	株式会社ひつじ書房 〒112-0011　東京都文京区千石 2-1-2 大和ビル2F Tel. 03-5319-4916 Fax. 03-5319-4917 郵便振替 00120-8-142852

造本には充分注意しておりますが、落丁・乱丁などがございましたら、小社かお買い上げ書店にておとりかえいたします。
ご意見、ご感想など、小社までお寄せ下されば幸いです。
toiawase@hituzi.co.jp
http://www.hituzi.co.jp/

ISBN4-89476-253-6 C3081
ISBN978-4-89476-253-4

**成長する教師のための
日本語教育ガイドブック（上・下）**
川口義一・横溝紳一郎著　各定価 2,800 円＋税

多岐にわたる日本語教育分野の研究を概観し、そのポイントをわかりやすくまとめた初めてのガイドブック。これからの日本語教師がより高い実践能力を獲得するために必要な知識を多数紹介するとともに、教室活動におけるスキルとノウハウの共有をめざしている。本文は対話形式で進められており、楽しみながら日本語教育のこれまでとこれからを知ることができる。

プロフィシェンシーから見た日本語教育文法
山内博之著　定価 2,200 円＋税

いわゆる日本語学的な文法についてではなく、日本語教育の現場で活かすための文法について述べる。学習者の言語能力からの視点、つまり、プロフィシェンシーからの視点で文法を眺めるというのが、本書の考え方である。具体的には、(1) 文法の難易度を考えること、(2) 言語活動から文法を眺めること、(3) 理解のための文法と使用のための文法を区別すること、の3点を主張し、日本語教育の現場で活かすための文法について考えていく。

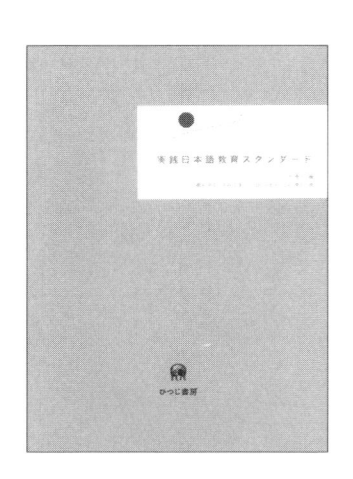

実践日本語教育スタンダード
山内博之編　橋本直幸・金庭久美子・田尻由美子・山内博之著
定価 8,000 円＋税

学習者の言語活動の体系と、それを支える言語素材の体系とを示すことにより、学習・教育・評価に生きる日本語教育スタンダードを作成した。具体的には、旧日本語能力試験出題基準に収録の実質語を含む約 9300 語を 100 種類の話題によって分類し、その話題に関する文が産出できるよう工夫を施した「語彙・構文表」を作成した。その他、話題別に分類した 2000 種類のロールカード、および言語活動が行われ得る約 700 の「場所」を言語活動の難易度別に示したリストを掲載。